欽定五軍道里表

清史研究資料叢編

〔清〕福隆安 等纂

2

中華書局

第二册目録

欽定五軍道里表十八卷（之二：卷五至九）

〔清〕福隆安 等纂

欽定五軍道里表十八卷

（之二：卷五至九）

清乾隆四十四年（一七七九）武英殿刻本

欽定五軍道里表卷之五

江西

南昌府屬軍犯編發附近近邊地方

附近	近邊
東至浙江寧波府	東至大海不足二千五百里
鎮海縣	南至廣東廣州府
西至善化縣	東莞縣
又至長沙府	西至貴州平越府
南至[illegible]縣	黃平州

南至廣東廉州府
清遠縣
西至湖南沅州府
黔陽縣
麻陽縣
又至湖北荊州府
枝江縣
宜都縣
又至宜昌府
東湖縣
又至廣西柳州府

平越縣
又至都匀府
清平縣
又至廣西思恩府
遷江縣
賓州
又至四川夔州府
巫山縣
北至河南懷慶府
河內縣
又至山西澤州府

雒容縣
北至河南開封府
杞縣
陳留縣
祥符縣
又至汝寧府
上蔡縣
又至陳州府
商水縣
又至山東兗州府
鄒縣

鳳臺縣
又至山東東昌府
高唐州
恩縣
又至濟南府
德州
以上除東外南西北俱二千五
百里

灌陽縣

以上俱三千里

南昌府屬軍犯編發邊遠極邊地方

邊遠

東至抵海不足三千里

南至抵海不足三千里

西至廣西南寧府

隆安縣

又至思恩府

上林縣東南北[illegible]

又至四川夔州府[illegible]

雲陽縣

極邊

東至抵海不足四千里

南至抵海不足四千里

西至廣西泗城府

凌雲縣

西隆州

又至四川重慶府

永川縣東南北[illegible]四千里

[illegible]榮昌縣[illegible]

萬縣

北至直隸停止編發

以上除東南北外西係三千里

北至直隸停止編發

以上除東南北外西係四千里

南昌府屬軍犯編發烟瘴地方

烟瘴

雲南雲南府

昆明縣

安寧州

禄豐縣

清苑縣

安肅縣

望都縣

右屬保定府轄

易州

南自京師[illegible]

饒州府屬軍犯編發附近近邊地方

附近

東至抵海不足二千里

南至廣東韶州府

乳源縣

又至惠州府

河源縣

西至湖北襄陽府

穀城縣

光化縣

近邊

東至抵海不足二千五百里

南至抵海不足二千五百里

西至湖北鄖陽府

房縣

北至山東東昌府

茌平縣

高唐州

恩縣

北至山東兗州府
滕　縣
鄒　縣
以上除東外南西北俱
二千里

以上除東南外西北俱二千五
百里

饒州府屬軍犯編發邊遠極邊地方

邊遠

東至抵海不足三千里

南至抵海不足三千里

西至河南陝州

靈寶縣

閿鄉縣

又至陝西同州府

華陰縣

北至順天停止編發

極邊

東至抵海不足四千里

南至抵海不足四千里

西至陝西興安州

洵陽縣

又至漢中府止編發

鳳縣

又至延安府

膚施縣

以上除東南北外西係
三千里

安塞縣
又至甘肅秦州
清水縣
北至直隸停止編發
以上除東南北外西係四千里

饒州府屬軍犯編發烟瘴地方

烟瘴

貴州南籠府

安南縣

普安縣

普安州

[illegible]

[illegible]

[illegible]

[illegible]

[illegible]

[illegible]

廣信府屬軍犯編發附近近邊地方

附近

東至抵海不足二千里
南至抵海不足二千里
西至湖北安陸府
鍾祥縣
又至荆州府
江陵縣
北至安徽鳳陽府
宿州

近邊

東至抵海不足二千五百里
南至抵海不足二千五百里
西至湖北襄陽府
均州
光化縣
穀城縣
北至河南開封府
杞縣

靈壁縣
又至潁州府
蒙城縣
以上除東南外西北俱
三千里

陳留縣
祥符縣
又至陳州府
商水縣
又至汝寧府
上蔡縣
又至山東兗州府
鄒縣
滋陽縣
滕縣
以上除東南外西北俱二千五

百里

欽定五軍道里表　卷五

廣信府屬軍犯編發邊遠極邊地方

邊遠

東至抵海不足三千里

南至抵海不足三千里

西至湖北鄖陽府

房縣

北至山東東昌府

高唐州

恩縣

又至濟南府

極邊

東至抵海不足四千里

南至抵海不足四千里

西至陝西乾州

武功縣

永壽縣

又至鳳翔府

扶風縣

岐山縣

德州
又至河南懷慶府
河內縣
又至山西澤州府
鳳臺縣
以上除東南外西北俱
三千里

又至西安府
醴泉縣
同官縣
又至鄜州
宜君縣
中部縣
又至商州
鎮安縣
北至山西忻州
又至代州
崞縣

以上除東南外西北俱四千里

欽定五軍道里表　卷五

十

[illegible]里

廣信府屬軍犯編發烟瘴地方

烟瘴

貴州安順府

清鎮縣

安平縣

普定縣

又至貴陽府

貴筑縣

[illegible]

南康府屬軍犯編發附近近邊地方

附近

東至抵海不足二千里

南至廣東韶州府

英德縣

又至惠州府

歸善縣

西至湖北鄖陽府

鄖縣

北至河南衛輝府

近邊

東至抵海不足二千五百里

南至抵海不足二千五百里

西至河南陝州

又至河南府

澠池縣

北至直隸停止編發

以上除東南北外西係二千五百里

延津縣

汲　縣

淇　縣

又至山東泰安府

東平州

東阿縣

以上除東外南西北俱

二千里

南康府屬軍犯編發邊遠極邊地方

邊遠

東至抵海不足三千里

南至抵海不足三千里

西至陝西西安府

渭南縣東南不敷三千里

臨潼縣停止編發

咸寧縣

長安縣

高陵縣

極邊

東至抵海不足四千里

南至抵海不足四千里

西至陝西延安府

保安縣

靖邊縣

又至甘肅鞏昌府

伏羌縣東南北俱不敷四千里

寧遠縣停止編發

三原縣
耀州
咸陽縣
北至順天停止編發
以上除東南北外西係三千里

北至直隸停止編發
以上除東南北外西係四千里

南康府屬軍犯編發烟瘴地方

烟瘴

雲南曲靖府

馬龍州

霑益州

平彝縣

南寧縣

九江府屬軍犯編發附近近邊地方

附近

東至浙江温州府

樂清縣

永嘉縣

又至紹興府

上虞縣

餘姚縣

又至寧波府

慈谿縣

近邊

東至浙江寧波府

象山縣

南至福建泉州府

同安縣

西至河南陝州

靈寶縣

閿鄉縣

北至直隸停止編發

南至福建漳州府
南靖縣
龍溪縣
又至福州府
侯官縣
閩縣
福清縣
西至湖北鄖陽府
鄖縣
房縣
北至河南衛輝府

以上除北外東南西俱二千五百里

汲縣
洪縣
又至彰德府
湯陰縣
又至山東泰安府
東阿縣
又至東昌府
茌平縣
以上俱二千里

九江府屬軍犯編發邊遠極邊地方

邊遠

東至抵海不足三千里
南至抵海不足三千里
西至陝西西安府
咸陽縣
興平縣
長安縣
咸寧縣
三原縣

極邊

東至抵海不足四千里
南至抵海不足四千里
西至甘肅鞏昌府
伏羌縣
寧遠縣
北至直隸停止編發
以上除東南北外西係四千里

耀　州

同官縣

醴泉縣

又至乾州

北至直隸停止編發

以上除東南北外西係

三千里

九江府屬軍犯編發烟瘴地方

烟瘴

雲南曲靖府

霑益州

馬龍州

宣威州

[illegible]

建昌府屬軍犯編發附近近邊地方

附近

東至抵海不足二千里

南至廣東廣州府

清遠縣[illegible]

三水縣

西至湖北襄陽府

宜城縣

襄陽縣[illegible]

北至安徽潁州府

近邊[illegible]

東至抵海不足二千五百里

南至抵海不足二千五百里

西至湖北襄陽府

均州[illegible]

又至鄖陽府

鄖縣

北至河南開封府

祥符縣

亳州
又至河南歸德府
鹿邑縣
又至江蘇徐州府
銅山縣
以上除東外南西北俱
二千里

尉氏縣
又至衛輝府
延津縣
汲縣
又至山東濟寧州
汶上縣
又至泰安府
東平州
以上除東南外西北俱二千五
百里

建昌府屬軍犯編發邊遠極邊地方

邊遠

東至抵海不足三千里
南至抵海不足三千里
西至河南河南府
洛陽縣
新安縣
澠池縣
北至直隷停止編發
以上除東南北外西係

極邊

東至抵海不足四千里
南至抵海不足四千里
西至陝西乾州
永壽縣
又至邠州
長武縣
又至鳳翔府
岐山縣

三千里

鳳翔縣
寶雞縣
汧陽縣
又至商州
鎮安縣
又至鄜州
中部縣
洛川縣
又至甘肅涇州
靈臺縣
北至直隸停止編發

以上除東南北外西係四千里

建昌府屬軍犯編發烟瘴地方

烟瘴

貴州安順府

安平縣

普定縣

鎮寧州

[illegible]

[illegible]

[illegible]

[illegible]

[illegible]

[illegible]

撫州府屬軍犯編發附近近邊地方

附近

東至抵海不足二千里

南至廣東廣州府

清遠縣

西至湖南辰州府

辰谿縣

又至湖北荊州府

江陵縣

松滋縣

近邊

東至抵海不足二千五百里

南至抵海不足二千五百里

西至廣西柳州府

馬平縣

來賓縣

又至貴州思州府

青溪縣

又至湖北宜昌府

又至廣西桂林府
靈川縣
臨桂縣
北至河南歸德府
鹿邑縣
柘城縣
又至陳州府
淮寧縣
又至安徽潁州府
亳州
以上除東外南西北俱

歸州
北至河南開封府
鄭州
滎陽縣
滎澤縣
又至懷慶府
武陟縣
又至衛輝府
汲縣
淇縣
又至彰德府

一千里

湯陰縣

又至山東泰安府

東平州

東阿縣

又至東昌府

茌平縣

以上除東南外西北俱二千五百里

撫州府屬軍犯編發邊遠極邊地方

邊遠

東至抵海不足三千里

南至抵海不足三千里

西至廣西思恩府

賓州

又至南寧府

宣化縣

又至貴州貴陽府

龍里縣

極邊

東至抵海不足四千里

南至抵海不足四千里

西至廣西泗城府

凌雲縣

又至四川重慶府

巴縣

璧山縣

北至直隸停止編發

又至四川夔州府

奉節縣

北至直隸停止編發

以上除東南北外西係

三千里

以上除東南北外西係四千里

撫州府屬軍犯編發烟瘴地方

烟瘴

雲南曲靖府

尋甸州

又至雲南府

嵩明州

昆明縣

臨江府屬軍犯編發附近近邊地方

附近

東至浙江寧波府

慈谿縣

鄞縣

鎮海縣

又至溫州府

永嘉縣

南至廣東廣州府

三水縣

近邊

東至抵海不足二千五百里

南至抵海不足二千五百里

西至貴州貴陽府

貴定縣

龍里縣

又至四川夔州府

奉節縣

又至廣西南寧府

又至惠州府
海豐縣
西至貴州思州府
青溪縣
玉屏縣
又至湖北宜昌府
歸　州
又至廣西柳州府
馬平縣
北至河南陳州府
淮寧縣

宣化縣
北至河南開封府
汜水縣
滎陽縣
又至河南府
鞏　縣
又至山東東昌府
茌平縣
高唐州
以上除東南外西北俱二千五
百里

商水縣

又至山東兗州府

滕　縣

以上俱二千里

臨江府屬軍犯編發邊遠極邊地方

邊遠	極邊
東至抵海不足三千里	東至抵海不足四千里
南至抵海不足三千里	南至抵海不足四千里
西至四川忠州	西至四川重慶府
梁山縣	榮昌縣
又至夔州府	又至敘州府
萬縣	隆昌縣
又至廣西思恩府	又至廣西泗城府
上林縣	凌雲縣

北至直隸停止編發
以上除東南北外西係
三千里

北至直隸停止編發
以上除東南北外西係四千里

臨江府屬軍犯編發烟瘴地方

烟瘴

雲南楚雄府

廣通縣

楚雄縣

鎮南州

陝西[illegible]

甘[illegible]

四[illegible]

雲南楚雄府

四章

擬定五[illegible]邊軍[illegible]各[illegible]發[illegible]地方

吉安府屬軍犯編發附近近邊地方

附近

東至浙江台州府
寧海縣
西黃巖縣（浙台州府）
南太平縣（不足二千五百里）
又至紹興府
又山陰縣（[illegible]）
會稽縣
又上虞縣（[illegible]）

近邊

東至福建福寧府
福安縣
南至抵海不足二千五百里
西至貴州平越府
黃平州
又至都勻府
又清平縣（[illegible]）
又至湖北宜昌府

又至處州府
青田縣
又至福建福州府
閩清縣
南至抵海不足二千里
西至湖南沅州府
麻陽縣
又至湖北荊州府
枝江縣
宜都縣
又至宜昌府

巴東縣
又至廣西思恩府
遷江縣
賓州
北至河南開封府
祥符縣
陳留縣
中牟縣
鄭州
又至汝寧府
上蔡縣

東湖縣
又至廣西桂林府
永福縣
北至安徽潁州府
亳州
又至江蘇徐州府
銅山縣
以上除南外東西北俱
二千里

又至山東兗州府
滋陽縣
又至濟寧州
汶上縣
又至泰安府
東平州
以上除南外東西北俱二千五
百里

[illegible]

[illegible]

百里

四[illegible]南[illegible]東西北[illegible]二千五

東平州

又至泰安府

汶上縣

又至[illegible]

[illegible]縣

[illegible]

吉安府屬軍犯編發邊遠極邊地方

邊遠

東至抵海不足三千里

南至抵海不足三千里

西至四川夔州府

雲陽縣

又至廣西南寧府

隆安縣

北至山西澤州府

鳳臺縣

極邊

東至抵海不足四千里

南至抵海不足四千里

西至四川重慶府

璧山縣

永川縣

北至山西代州

崞縣

以上除東南外西北俱四千里

高平縣
又至山東濟南府
德　州
以上除東南外西北俱
三千里

吉安府屬軍犯編發烟瘴地方

烟瘴

雲南雲南府

昆明縣

安寧州

瑞州府屬軍犯編發附近近邊地方

附近

東至浙江寧波府

鎮海縣

又慈谿縣

鄞縣

奉化縣

南至廣東廣州府

清遠縣

又至從化縣

近邊

東至抵海不足二千五百里

南至抵海不足二千五百里

西至貴州平越府

平越縣

又至貴陽府

貴定縣

又龍里縣

又至四川夔州府

又至惠州府
海豐縣
西至湖北宜昌府
東湖縣
歸州
又至貴州思州府
玉屏縣
北至河南歸德府
睢州
又至開封府
杞縣

奉節縣
又至廣西思恩府
賓州
北至河南彰德府
安陽縣
又至山東東昌府
高唐州
恩縣
以上除東南外西北俱二千五
百里

陳留縣
祥符縣
又至陳州府
商水縣
又至汝寧府
上蔡縣
又至山東兗州府
滕　縣
鄒　縣
滋陽縣
以上俱二千里

瑞州府屬軍犯編發邊遠極邊地方

邊遠

東至抵海不足三千里

南至抵海不足三千里

西至四川忠州

梁山縣

又至夔州府

萬縣

又至廣西思恩府

并上林縣

極邊

東至抵海不足四千里

南至抵海不足四千里

西至四川重慶府

榮昌縣

又至敘州府

隆昌縣

又至廣西泗城府

西隆州

北至直隸停止編發

又以上除東南北外西係

三千里

北至直隸停止編發

以上除東南北外西係四千里

瑞州府屬軍犯編發烟瘴地方

烟瘴

雲南雲南府

祿豐縣

又至楚雄府

廣通縣

袁州府屬軍犯編發附近近邊地方

附近

東至浙江台州府

黃巖縣

太平縣

臨海縣

寧海縣

又至紹興府

山陰縣

會稽縣

近邊

東至抵海不足二千五百里

南至抵海不足二千五百里

西至四川夔州府

雲陽縣

又至廣西南寧府

隆安縣

北至河南開封府

祥符縣

上虞縣
又至處州府
又青田縣
南至廣東惠州府
海豐縣
歸善縣
又至廣州府
清遠縣
西至貴州平越府
黃平州
又至都匀府

陳留縣
尉氏縣
洧川縣
又至山東兗州府
滋陽縣
又至濟寧州
汶上縣
又至泰安府
東平州
以上除東南外西北俱二千五百里

清平縣
又至湖北宜昌府
巴東縣
又至四川夔州府
巫山縣
又至廣西思恩府
遷江縣
賓　州
北至安徽潁州府
亳　州
又至鳳陽府

宿州

又至江蘇徐州府

銅山縣

以上俱二千里

袁州府屬軍犯編發邊遠極邊地方

邊遠

東至抵海不足三千里
南至抵海不足三千里
西至四川忠州
墊江縣
又至重慶府
長壽縣
北至直隸停止編發
以上除東南北外西係

極邊

東至抵海不足四千里
南至抵海不足四千里
西至四川資州
內江縣
資陽縣
北至直隸停止編發
以上除東南北外西係四千里

五千里東南[illegible]
東至[illegible]縣[illegible]界
尋甸州
又至[illegible]
壁山縣
西至[illegible]界
南至[illegible]
東至[illegible]不及三千里
[illegible]
京[illegible]

[illegible]四千里
北至[illegible]界
資[illegible]縣
内江縣
西至[illegible]界
南至[illegible]不及四千里
東至[illegible]不及四千里
[illegible]

袁州府屬軍犯編發烟瘴地方

烟瘴

雲南楚雄府

姚州

又至大理府

雲南縣

贛州府屬軍犯編發附近近邊地方

附近

東至浙江金華府

永康縣

金華縣

又至嚴州府

建德縣

桐廬縣

又至處州府

縉雲縣

近邊

東至抵海不足二千五百里

南至抵海不足二千五百里

西至廣西潯州府

貴縣

又至南寧府

橫州

又至湖北荊州府

宜都縣

南至抵海不足二千里
西至廣西平樂府
昭平縣
又至湖南澧州
又至湖北荊州府
公安縣
北至安徽鳳陽府
定遠縣
鳳陽縣
以上除南外東西北俱
二千里

又至宜昌府
東湖縣
北至安徽潁州府
亳州
又至河南歸德府
鹿邑縣
柘城縣
又至江蘇徐州府
銅山縣
以上除東南外西北俱二千五
百里

贛州府屬軍犯編發邊遠極邊地方

邊遠

東至抵海不足三千里

南至抵海不足三千里

西至廣西南寧府

新寧州

又至太平府

崇善縣

又至四川夔州府

巫山縣

極邊

東至抵海不足四千里

南至抵海不足四千里

西至四川忠州

墊江縣

又至重慶府

長壽縣

又至廣西泗城府

凌雲縣

北至河南開封府　北至直隸停止編發
又至中牟縣　以上除東南北外西係四千里
鄭州
又至滎澤縣
又至衛輝府
延津縣
汲縣
淇縣
又至山東濟寧州
汶上縣
又至泰安府

東平州

東阿縣

以上除東南外西北俱

三千里

[illegible]

贛州府屬軍犯編發烟瘴地方

烟瘴

雲南曲靖府

南寧縣

霑益州

馬龍州

寧都州屬軍犯編發附近近邊地方

附近

東至浙江台州府
太平縣
寧海縣
又至紹興府
上虞縣
餘姚縣
又至溫州府
樂清縣

近邊

東至抵海不足二千五百里
南至抵海不足二千五百里
西至廣西潯州府
平南縣
桂平縣
又至湖北荊州府
公安縣
江陵縣

永嘉縣
南至抵海不足二千里
西至廣東肇慶府
德慶州
又至湖南長沙府
益陽縣
又至常德府
龍陽縣
北至安徽鳳陽府
鳳陽縣
懷遠縣
北至河南歸德府
鹿邑縣
柘城縣
睢　州
又至陳州府
淮寧縣
以上除東南外西北俱二千五百里

靈璧縣

以上除南外東西北俱

二千里

寧都州屬軍犯編發邊遠極邊地方

邊遠

東至抵海不足三千里

南至抵海不足三千里

西至廣西南寧府

橫州

永淳縣

北至河南開封府

鄭州

滎澤縣

極邊

東至抵海不足四千里

南至抵海不足四千里

西至四川夔州府

萬縣

又至忠州

梁山縣

又至廣西思恩府

上林縣

又至懷慶府
武陟縣
又至衛輝府
汲縣
淇縣
又至彰德府
湯陰縣
又至山東泰安府
東阿縣
又至東昌府
茌平縣

北至直隸停止編發
以上除東南北外西係四千里

以上除東南外西北俱三千里

寧都州屬軍犯編發烟瘴地方

烟瘴

貴州安順府

永寧州

又至南籠府

安南縣

普安縣

[illegible]

文[illegible]

貴[illegible]

[illegible]

[illegible]

南安府屬軍犯編發附近近邊地方

附近

東至福建延平府

順昌縣

又至浙江衢州府

西安縣

龍游縣

又至金華府

蘭谿縣

南至抵海不足二千里

近邊

東至浙江處州府

青田縣

麗水縣

又至紹興府

蕭山縣

山陰縣

會稽縣

又至台州府

西至廣西潯州府
桂平縣
北至湖北武昌府
江夏縣
又至漢陽府
漢陽縣
以上除南外東西北俱
二千里

僊居縣
臨海縣
黃巖縣
南至抵海不足二千五百里
西至廣西南寧府
宣化縣
永淳縣
北至安徽潁州府
蒙城縣
又至鳳陽府
宿州

以上除南外東西北俱二千五百里

南安府屬軍犯編發邊遠極邊地方

邊遠

東至抵海不足三千里

南至抵海不足三千里

西至湖北宜昌府

歸州

巴東縣

北至河南歸德府

睢州

又至開封府

極邊

東至抵海不足四千里

南至抵海不足四千里

西至四川忠州

梁山縣

墊江縣

北至直隸停止編發

以上除東南北外西係四千里

杞　縣
陳留縣
祥符縣
又至陳州府
商水縣
又至汝寧府
上蔡縣
又至山東兗州府
滕　縣
鄒　縣
滋陽縣

以上除東南外西北俱
三千里

南安府屬軍犯編發煙瘴地方

烟瘴

雲南曲靖府

平彝縣

貴州南籠府

普安州

普安縣

[illegible]

欽定五軍道里表卷之六

湖北

武昌府屬軍犯編發附近近邊地方

附近

東至浙江嚴州府

建德縣

桐廬縣

又至金華府

蘭谿縣

近邊

東至浙江紹興府

山陰縣

會稽縣

上虞縣

南至廣東廣州府

又至江蘇常州府
無錫縣
金匱縣
又至蘇州府
長洲縣
元和縣
吳　縣
南至廣東韶州府
樂昌縣
曲江縣
西至河南陝州

清遠縣
西至四川重慶府
巴　縣
璧山縣
合　州
又至順慶府
鄰水縣
廣安州
北至直隸停止編發
以上除北外東南西俱二千五
百里

閿鄉縣

又至陝西同州府

華陰縣

又至四川忠州

梁山縣

北至直隸停止編發

以上除北外東南西俱

二千里

欽定五軍道里表　卷六

武昌府屬軍犯編發邊遠極邊地方

邊遠

東至浙江寧波府

奉化縣

又至台州府

寧海縣

南至廣東廣州府

又南海縣

番禺縣

東莞縣

極邊

東至抵海不足四千里

南至廣東潮州府

海陽縣

普寧縣

揭陽縣

西至甘肅涼州府

平番縣

古浪縣

西至甘肅秦州
清水縣
又至四川保寧府
南部縣
閬中縣
又至資州
内江縣
北至山西大同府
大同縣
懷仁縣
又至朔平府

北至陝西榆林府
神木縣
府谷縣
以上除東外南西北俱四千里

平魯縣
右玉縣
左雲縣
又至陝西延安府
延長縣
膚施縣
安塞縣
以上俱三千里

以上十三[illegible]

[illegible]縣

[illegible]

[illegible]縣

又[illegible]

[illegible]縣

[illegible]縣

平[illegible]縣

武昌府屬軍犯編發烟瘴地方

烟瘴

雲南楚雄府

廣通縣

楚雄縣

[illegible]

雲南[illegible]

[illegible]

[illegible]

[illegible]

漢陽府屬軍犯編發附近近邊地方

附近

東至浙江嚴州府
建徳縣
桐廬縣
又至金華府
蘭谿縣
又至江蘇常州府
無錫縣
金匱縣

近邊

東至浙江紹興府
山陰縣
會稽縣
上虞縣
南至廣東廣州府
清遠縣
西至四川重慶府
巴縣

又至蘇州府
長洲縣
元和縣
吳　縣
南至廣東韶州府
樂昌縣
曲江縣
西至河南陜州
閿鄉縣
又至陜西同州府
華陰縣

璧山縣
合　州
又至順慶府
鄰水縣
廣安州
北至直隸停止編發
以上除北外東南西俱二千五
百里

又至四川忠州
梁山縣
北至直隸停止編發
以上除北外東南西俱
二千里

漢陽府屬軍犯編發邊遠極邊地方

邊遠

東至浙江寧波府

奉化縣

又至台州府

寧海縣

南至廣東廣州府

南海縣

番禺縣

東莞縣

極邊

東至抵海不足四千里

南至廣東潮州府

海陽縣

普寧縣

揭陽縣

西至甘肅凉州府

平番縣

古浪縣

西至甘肅秦州
清水縣
又至四川保寧府
南部縣
閬中縣
又至資州
内江縣
北至山西大同府
大同縣
懷仁縣
又至朔平府

北至陝西榆林府
神木縣
府谷縣
以上除東外南西北俱四千里

平魯縣

右玉縣

左雲縣

又至陝西延安府

延長縣

膚施縣

安塞縣

以上俱三千里

以上共三十里

安塞縣

靖邊縣

定邊縣

又至府西南路

甘泉縣

宜君縣

中部縣

漢陽府屬軍犯編發烟瘴地方

烟瘴

雲南楚雄府

廣通縣

楚雄縣

欽定五軍道里表 卷

[illegible]

[illegible]

[illegible]

[illegible]

[illegible]

十

安陸府屬軍犯編發附近近邊地方

附近

東至江蘇常州府
武進縣
又陽湖縣
無錫縣
金匱縣
南至江西吉安府
萬安縣
泰和縣

近邊

東至浙江嘉興府
石門縣
又至杭州府
仁和縣
錢塘縣
南至廣東南雄府
保昌縣
又至江西南安府

西至四川重慶府
巴縣
璧山縣
永川縣
合州
又至順慶府
廣安州
岳池縣
北至直隸停止編發
以上除北外東南西俱
二千里

大庚縣
西至四川保寧府
南部縣
閬中縣
蒼溪縣
又至資州
內江縣
北至直隸停止編發
以上除北外東南西俱二千五
百里

安陸府屬軍犯編發邊遠極邊地方

邊遠

東至浙江寧波府
慈谿縣
鄞縣
鎮海縣
南至廣東韶州府
曲江縣
西至四川成都府
成都縣

極邊

東至抵海不足四千里
南至廣東惠州府
博羅縣
又至廣州府
東莞縣
西至抵邊不足四千里
北至直隸停止編發
以上除東西北外南係四千里

華陽縣

新都縣

漢州

又至綿州

德陽縣

北至直隸停止編發

以上除北外東南西俱

三千里

安陸府屬軍犯編發烟瘴地方

烟瘴

雲南臨安府石屏州

又至元江州

新平縣

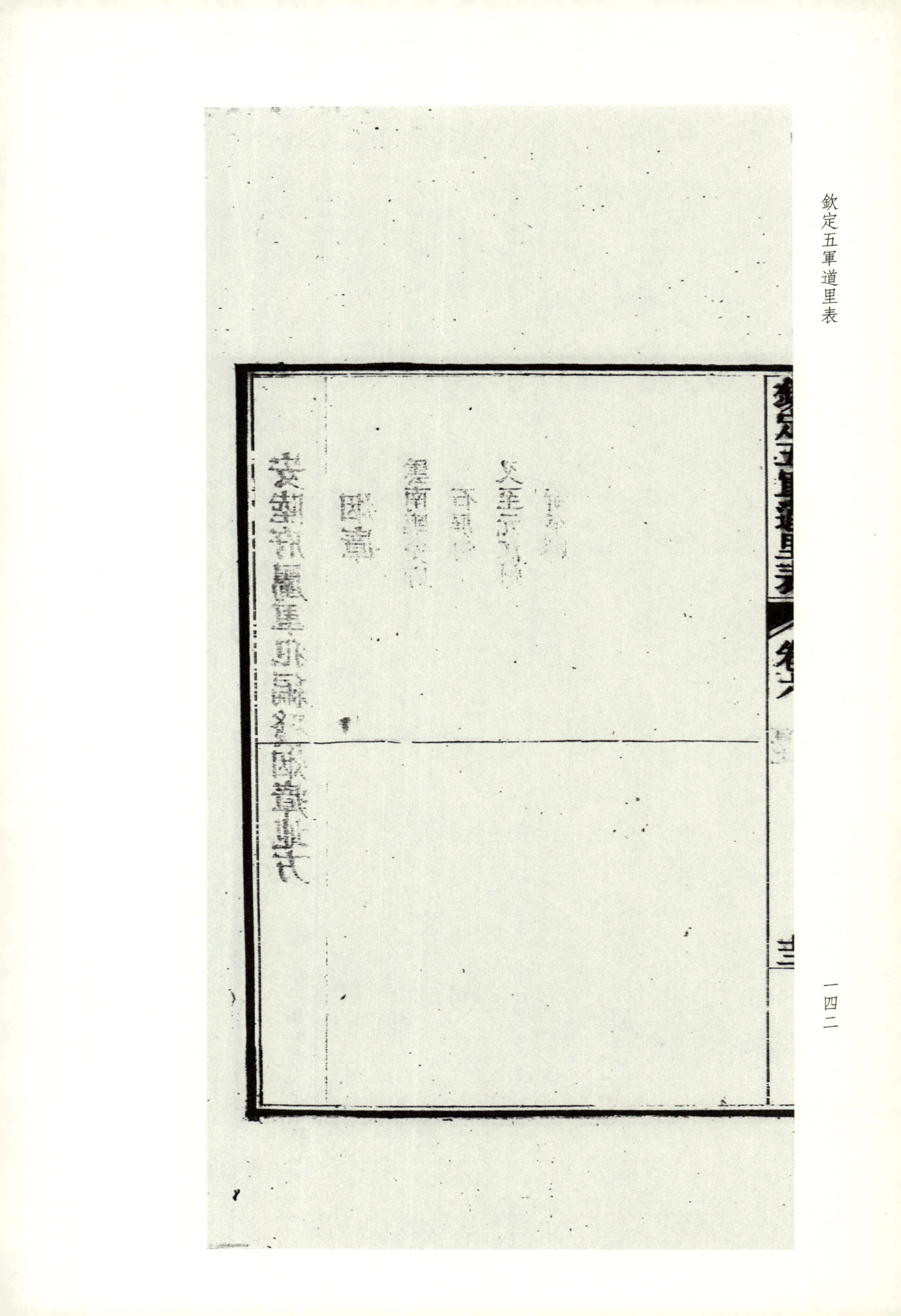

[illegible]

又至京城

西藏

雲南緬甸

國圖

安徽[illegible]

襄陽府屬軍犯編發附近近邊地方

附近

東至安徽廬州府

合肥縣

巢　縣

又至六安州

又至池州府

青陽縣

南至江西吉安府

吉水縣

近邊

東至江蘇鎮江府

丹陽縣

丹徒縣

又至常州府

武進縣

陽湖縣

又至浙江衢州府

常山縣

廬陵縣
又至臨江府
清江縣
新淦縣
峽江縣
西至四川重慶府
長壽縣
北至山西太原府
陽曲縣
榆次縣
又至忻州

西安縣
龍游縣
南至江西贛州府
贛　縣
又至南安府
南康縣
西至陝西鳳翔府
隴　州
又至甘肅平凉府
華亭縣
平凉縣

以上俱二千里

又至四川順慶府

南充縣

西充縣

又至重慶府千五百里

綦江縣

又至敘州府

隆昌縣

北至山西大同府

大同縣

懷仁縣

又應[illegible]州府

以上俱二千里

又至朔平府

平魯縣

朔州

又至陝西延安府

甘泉縣

又膚施縣附郭

安塞縣

又以上俱二千五百里

西[illegible]縣

南[illegible]縣

又至[illegible][illegible][illegible]府

襄陽府屬軍犯編發邊遠極邊地方

邊遠	極邊
東至浙江杭州府	東至浙江寧波府
仁和縣	象山縣
錢塘縣	又至台州府
富陽縣	寧海縣
又至江蘇太倉州	南至廣東廣州府
鎮洋縣	南海縣
嘉定縣	番禺縣
寶山縣	三水縣

南至廣東南雄府
始興縣
保昌縣
西至甘肅鞏昌府
隴西縣
寧遠縣
又至四川保寧府
昭化縣
又至成都府
簡州
成都縣

西至甘肅凉州府
鎮番縣
武威縣
北至陝西榆林府
懷遠縣
以上俱四千里

華陽縣

北至陝西延安府

靖邊縣

定邊縣

又至綏德州

米脂縣

以上俱三千里

襄陽府屬軍犯編發烟瘴地方

烟瘴

雲南楚雄府

楚雄縣

鎮南州

德州

[illegible]縣

[illegible]

[illegible]

表見武[illegible]里表[illegible]

鄖陽府屬軍犯編發附近近邊地方

附近

東至安徽安慶府

太湖縣

潛山縣

又至江西九江府

湖口縣

彭澤縣

德安縣

又至南康府

近邊

東至安徽廬州府

合肥縣

巢縣

又至六安州

又至池州府

青陽縣

又至寧國府

南陵縣

建昌縣
南至湖南長沙府
湘陰縣
湘潭縣
西至河南陜州
靈寳縣
閿鄉縣
又至陜西同州府
華陰縣
北至山西平陽府
翼城縣

又至和州
含山縣
又至江西撫州府
東鄉縣
又至饒州府
安仁縣
又至廣信府
貴溪縣
南至湖南永州府
祁陽縣
零陵縣

曲沃縣
又至絳州
聞喜縣
又至潞安府
襄垣縣
又至沁州
武鄉縣
以上俱二千里

又至郴州
永興縣
西至陝西西安府
醴泉縣
又至乾州
永壽縣
北至山西太原府
陽曲縣
太原縣
榆次縣
又至忻州

以上俱二千五百里

鄖陽府屬軍犯編發邊遠極邊地方

邊遠

東至江蘇鎮江府

丹陽縣

丹徒縣

又至江寧府

句容縣

又至浙江衢州府

常山縣

西安縣

極邊

東至浙江紹興府

餘姚縣

又至寧波府

慈谿縣

鄞縣

南至廣東廣州府

東莞縣

西至甘肅涼州府

龍游縣
南至廣東韶州府
又曲江縣
西至陝西鳳翔府
又隴州
又至甘肅秦州
清水縣
北至山西大同府
應州
懷仁縣
大同縣

平番縣
北至陝西榆林府
神木縣
府谷縣
以上俱四千里

又至朔平府
平魯縣
右玉縣
又至陝西延安府
甘泉縣
膚施縣
安塞縣
以上俱三千里

鄖陽府屬軍犯編發烟瘴地方

烟瘴

雲南雲南府

嵩明州

昆明縣

安寧州

德安府屬軍犯編發附近近邊地方

附近

東至江蘇蘇州府
長洲縣
元和縣
吳縣
崑山縣
新陽縣
又至太倉州
鎮洋縣

近邊

東至浙江杭州府
富陽縣
仁和縣
錢塘縣
南至廣東南雄府
始興縣
又至韶州府
曲江縣

又至浙江衢州府
西安縣
龍游縣
南至湖南桂陽州
嘉禾縣
藍山縣
又至郴州
宜章縣
又至廣西桂林府
全　州
西至陝西西安府

西至四川重慶府
合　州
永川縣
榮昌縣
又至順慶府
岳池縣
南充縣
北至直隸停止編發
以上除北外東南西俱二千五
百里

咸寧縣
長安縣
咸陽縣
臨潼縣
興平縣
醴泉縣
又至四川忠州
墊江縣
又至重慶府
長壽縣
北至直隸停止編發

以上除北外東南西俱
二千里

德安府屬軍犯編發邊遠極邊地方

邊遠

東至浙江寧波府
又慈谿縣
鄞縣
鎮海縣
南至廣東廣州府
又清遠縣
又至韶州府
英德縣

極邊

東至福建漳州府
龍溪縣
南至廣東惠州府
歸善縣
海豐縣
西至甘肅凉州府
古浪縣
武威縣

西至陝西漢中府
褒城縣
又至四川保寧府
昭化縣
又至成都府
簡州
又至資州
資陽縣
北至直隸停止編發
以上除北外東南西俱
三千里

又至西寧府
碾伯縣
西寧縣
北至抵邊不足四千里
以上除北外東南西俱四千里

德安府屬軍犯編發烟瘴地方

烟瘴

雲南臨安府

建水縣

石屏州

又至楚雄府

廣通縣

楚雄縣

婺源縣
[illegible]
天至婺源縣[illegible]
[illegible]
婺源縣
[illegible]
[illegible]
[illegible]

黃州府屬軍流編發附近近邊地方

附近

東至浙江杭州府

富陽縣

仁和縣

錢塘縣

又至嚴州府

桐廬縣

又至江蘇蘇州府

崑山縣

近邊

東至浙江紹興府

餘姚縣

又至寧波府

慈谿縣

南至廣東韶州府

英德縣

西至山西霍州

靈石縣

新陽縣
又至太倉州
鎮洋縣
又嘉定縣
南至廣東南雄府
始興縣
保昌縣
西至河南陝州
靈寶縣
閿鄉縣
又至陝西同州府

又至汾州府
介休縣
平遥縣
北至直隸停止編發
以上除北外東南西俱二千五
百里

華陰縣
北至直隷停止編發
以上除北外東南西俱
二千里

二十里

又十里至[illegible]

共[illegible]

華亭縣

黃州府屬軍犯編發邊遠極邊地方

邊遠

東至抵邊不足三千里

南至廣東廣州府

三水縣

南海縣

番禺縣

西至山西朔平府

馬邑縣

朔州

極邊

東至抵海不足四千里

南至抵海不足四千里

西至甘肅凉州府

平番縣

古浪縣

北至直隸停止編發

以上除東南北外西係四千里

平曾縣

北至順天停止編發

以上除東北外南西俱

三千里

黃州府屬軍犯編發烟瘴地方

烟瘴

雲南廣西州
彌勒縣
又至雲南府
晉寧州
又至澂江府
江川縣
又至臨安府
通海縣

荆州府屬軍犯編發附近近邊地方

附近

東至江西廣信府
興安縣
上饒縣
弋陽縣
又至安徽太平府
蕪湖縣
當塗縣
南至廣東韶州府

近邊

東至浙江金華府
金華縣
蘭谿縣
又至嚴州府
建德縣
又至江蘇常州府
武進縣
陽湖縣

曲江縣
西至四川重慶府
涪州
合州
璧山縣
永川縣
又至順慶府
廣安州
岳池縣
北至山西潞安府
屯留縣

無錫縣
金匱縣
南至廣東廣州府
清遠縣
西至四川順慶府
西充縣
又至保寧府
南部縣
又至資州
資陽縣
北至山西太原府

襄垣縣
又至平陽府
翼城縣
曲沃縣
又至絳州
聞喜縣
又至沁州
以上俱二千里

陽曲縣
太原縣
榆次縣
又至忻州
以上俱二千五百里

荆州府屬軍犯編發邊遠極邊地方

邊遠

東至浙江紹興府
山陰縣
會稽縣
上虞縣
蕭山縣
南至廣東廣州府
東莞縣
西至陝西漢中府

極邊

東至抵海不足四千里
南至抵海不足四千里
西至甘肅凉州府
平番縣
北至陝西榆林府
神木縣
府谷縣
以上除東南外西北俱四千里

鳳　縣

又至四川綿州

德陽縣

北至山西朔平府

右玉縣

左雲縣

平魯縣

又至大同府

懷仁縣

大同縣

又至陝西延安府

肓施縣
安塞縣
以上俱三千里

[illegible]

[illegible]

[illegible]

荆州府屬軍犯編發烟瘴地方

烟瘴

雲南大理府

雲南縣

趙州

宜昌府屬軍犯編發附近近邊地方

附近

東至江西南昌府
進賢縣
又至撫州府
東鄉縣
又至安徽池州府
貴池縣
青陽縣
南至廣東韶州府

近邊

東至浙江衢州府
常山縣
西安縣
又至江西廣信府
玉山縣
又至江蘇江寧府
江寧縣
句容縣

樂昌縣
又至湖南郴州
宜章縣
又至廣西桂林府
全州
西至四川重慶府
定遠縣
又至順慶府
岳池縣
南充縣
又至叙州府

南至廣東韶州府
英德縣
西至四川保寧府
閬中縣
蒼溪縣
昭化縣
又至成都府
成都縣
華陽縣
新都縣
漢州

隆昌縣
又至資州
內江縣
北至山西潞安府
屯留縣
襄垣縣
長子縣
又至澤州府
沁水縣
又至平陽府
翼城縣

北至山西太原府
陽曲縣
榆次縣
又至忻州
以上俱二千五百里

曲沃縣

以上俱二千里

宜昌府屬軍犯編發邊遠極邊地方

邊遠

東至浙江嚴州府
桐廬縣
又至杭州府
富陽縣
又至江蘇蘇州府
長洲縣
元和縣
吳縣

極邊

東至抵海不足四千里
南至抵海不足四千里
西至甘肅凉州府
平番縣
古浪縣
北至陝西榆林府
神木縣
府谷縣

崑山縣
新陽縣
南至廣東廣州府
三水縣
南海縣
番禺縣
西至陝西漢中府
鳳　縣
北至山西朔平府
朔　州
平魯縣

以上除東南外西北俱四千里

又至大同府
應州
懷仁縣
大同縣
又至陜西延安府
甘泉縣
膚施縣
安塞縣
以上俱三千里

宜昌府屬軍犯編發烟瘴地方

烟瘴

雲南楚雄府

姚　州

又至大理府

雲南縣

施南府屬軍犯編發附近近邊地方

附近

東至江西九江府
德化縣
南至湖南衡州府
衡山縣
又至長沙府
長沙縣
善化縣
湘潭縣

近邊

東至江西南康府
建昌縣
又至南昌府
南昌縣
新建縣
進賢縣
又至九江府
彭澤縣

西至四川重慶府
合　州
永川縣
榮昌縣
又至順慶府
廣安州
岳池縣
南充縣
北至河南開封府
禹　州
新鄭縣

又至安徽池州府
東流縣
南至湖南衡州府
耒陽縣
又至郴州
永興縣
又至永州府
祁陽縣
零陵縣
西至四川保寧府
南部縣

鄭州
以上俱二千里

閬中縣
蒼溪縣
又至賓州
賓陽縣
北至山西澤州府
鳳臺縣
高平縣
陽城縣
以上俱二千五百里

[illegible]

施南府屬軍犯編發邊遠極邊地方

邊遠

東至江西廣信府
弋陽縣
興安縣
上饒縣
又至安徽寧國府
南陵縣
又至太平府
蕪湖縣

極邊

東至浙江紹興府
蕭山縣
山陰縣
會稽縣
又至江蘇太倉州
寶山縣
南至抵海不足四千里
西至甘肅平涼府

南至廣東韶州府
曲江縣
西至陝西同州府
華　州
華陰縣
又至西安府
渭南縣
臨潼縣
又至四川綿州
北至山西沁州
武鄉縣

隆德縣
靜寧州
北至陝西延安府
膚施縣
延長縣
保安縣
以上除南外東西北俱四千里

又至太原府

祁縣

又至絳州

聞喜縣

以上俱三千里

以上共五千里

寧　縣

又至錦州

[illegible]　縣

又至大[illegible]

施南府屬軍犯編發烟瘴地方

烟瘴

雲南雲南府

嵩明州

昆明縣

[illegible]

[illegible]

[illegible]

[illegible]

[illegible]

[illegible]

欽定五軍道里表卷之七

湖南

長沙府屬軍犯編發附近近邊地方

附近

東至福建建寧府

又建安縣

甌寧縣

又至延平府

又南平縣

近邊

東至浙江紹興府

上虞縣

餘姚縣

又至福建福州府

閩官縣

又至浙江金華府
永康縣
金華縣
又至嚴州府
建德縣
桐廬縣
南至廣東廣州府
南海縣
番禺縣
又至肇慶府
高要縣

侯官縣
閩清縣
南至廣東惠州府
海豐縣
河源縣
龍川縣
西至四川忠州
墊江縣
又至重慶府
長壽縣
又至雲南曲靖府

新興縣
西至貴州貴陽府
貴筑縣
修文縣
又至安順府
清鎮縣
安平縣
普定縣
又至四川夔州府
雲陽縣
北至河南開封府

平彝縣
又至貴州大定府
黔西州
北至河南河南府
澠池縣
又至陝州
又至山西澤州府
陽城縣
沁水縣
以上俱二千五百里

新鄭縣
鄭　州
滎陽縣
滎澤縣
以上俱二千里

長沙府屬軍犯編發邊遠極邊地方

邊遠

東至福建福寧府

西霞浦縣

南至廣東潮州府

又普寧縣

揭揚縣

又海陽縣

澄海縣

又至高州府

極邊

東至抵海不足四千里

南至抵海不足四千里

西至四川嘉定府

夾江縣

又樂山縣

北至陝西延安府

又延長縣

延川縣

又茂名縣

化州

又至惠州府

長寧縣

又至嘉應州

平遠縣

西至四川重慶府

榮昌縣

永川縣

又至欽州府

隆昌縣

保安縣

又至綏德州

清澗縣

又至甘肅平涼府

固原州

靜寧州

又至涇州

鎮原縣

又至鞏昌府

會寧縣

以上除東南外西北俱四千里

又至雲南雲南府

昆明縣

安寧州

北至山西太原府

祁　縣

徐溝縣

又至陝西同州府

華　州

又至西安府

渭南縣

臨潼縣

長安縣
咸寧縣
以上俱三千里

長沙府屬軍犯編發烟瘴地方

烟瘴

應發烟瘴人犯解赴雲南

巡撫衙門酌撥安置

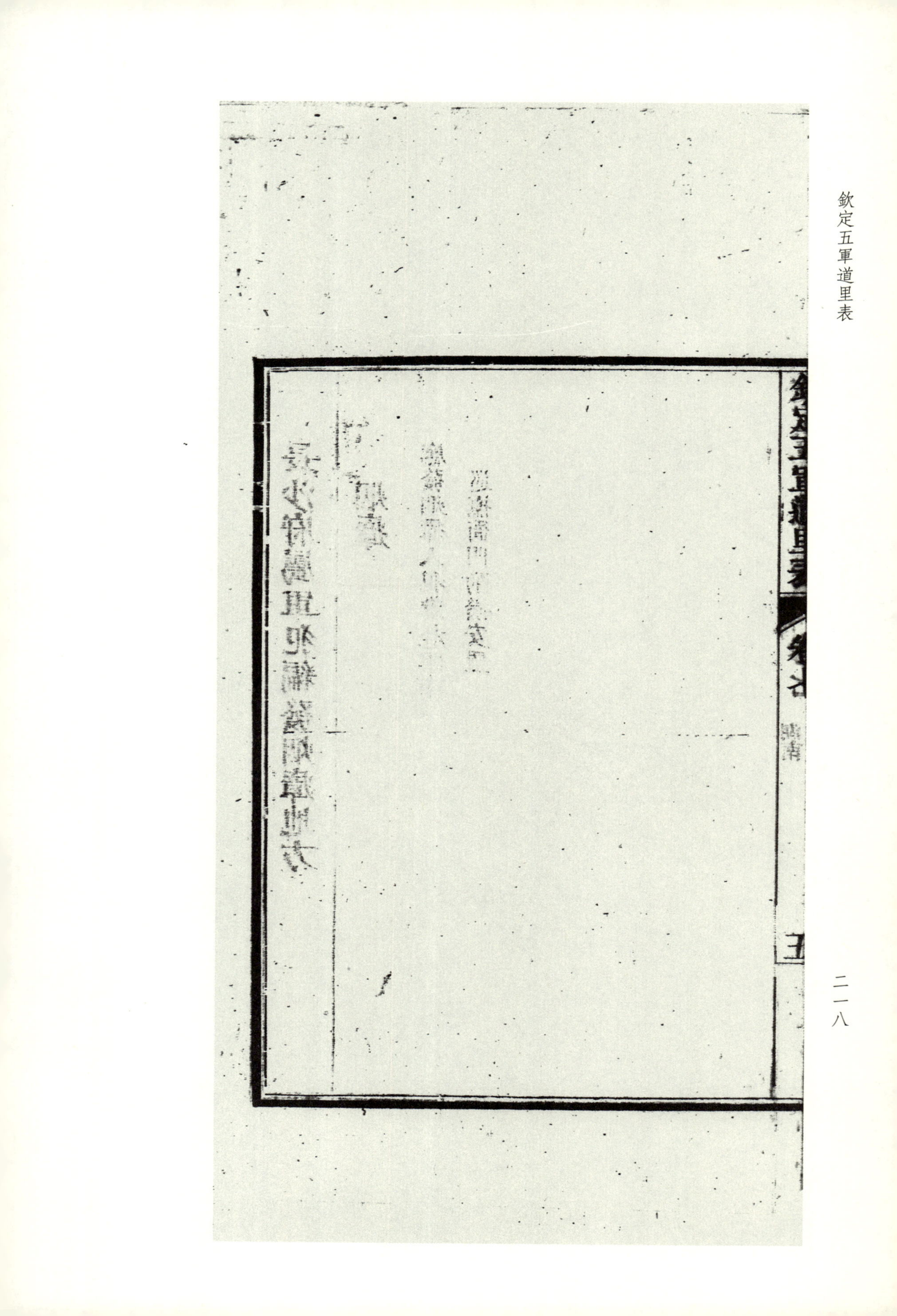

[illegible]

[illegible]

[illegible]

長沙府屬[illegible]

岳州府屬軍犯編發附近近邊地方

附近

東至安徽和州
又至太平府
當塗縣
南蕪湖縣
又至江西廣信府
又興安縣
貴溪縣
又玉山縣

近邊

東至浙江金華府
蘭谿縣
又至嚴州府
建德縣
桐廬縣
又至福建延平府
南平縣
南至廣東廣州府

又至建昌府
新城縣
又至福建邵武府
光澤縣
南至廣東廣州府
清遠縣
西至貴州平越府
黄平州
平越縣
又至都匀府
清平縣

東莞縣
增城縣
又至惠州府
博羅縣
又至肇慶府
新興縣
西至四川重慶府
巴縣
璧山縣
又至貴州安順府
普定縣

又至四川夔州府
萬縣
又至忠州
梁山縣
北至山西澤州府
鳳臺縣
又至河南河南府
洛陽縣
新安縣
以上俱二千里

鎮寧州
又至遵義府
綏陽縣
遵義縣
北至山西沁州
武鄉縣
又至遼州
榆社縣
又至陝西同州府
華陰縣
華州

以上俱二千五百里

岳州府屬軍犯編發邊遠極邊地方

邊遠

東至浙江紹興府

山陰縣

會稽縣

上虞縣

又至福建福州府

閩清縣

侯官縣

閩縣

極邊

東至抵海不足四千里

南至廣東嘉應州

平遠縣

興寧縣

又至惠州府

長寧縣

西至四川嘉定府

榮縣

南至廣東惠州府
海豐縣
陸豐縣
龍川縣
又至嘉應州
長樂縣
西至貴州大定府
黔西州
畢節縣
又至四川資州
內江縣

威遠縣
北至陝西榆林府
榆林縣
又至延安府
定邊縣
又至綏德州
米脂縣
又至甘肅寧夏府
靈州
以上除東外南西北俱四千里

北至山西忻州
又至代州
崞縣
又至陝西西安府
同官縣
又至鳳翔府
扶風縣
岐山縣
鳳翔縣
又至鄜州
又宜君縣

又至乾州

武功縣

永壽縣

又至邠州

以上俱三千里

岳州府屬軍犯編發烟瘴地方

烟瘴

應發烟瘴人犯解赴雲南

巡撫衙門酌撥安置

欽定五軍道里表　卷十

寶慶府屬軍犯編發附近近邊地方

附近

東至江西饒州府

德興縣

浮梁縣

又至廣信府

上饒縣

玉山縣

又至建昌府

新城縣

近邊

東至浙江嚴州府

建德縣

桐廬縣

又至福建延平府

南平縣

又至建寧府

建安縣

甌寧縣

又至福建邵武府

光澤縣

南至廣東肇慶府

新興縣

又至廣州府

南海縣

番禺縣

東莞縣

增城縣

西至湖北宜昌府

歸州

南至廣東惠州府

陸豐縣

海豐縣

龍川縣

又至嘉應州

長樂縣

西至四川夔州府

雲陽縣

又至貴州貴陽府

貴筑縣

又至安順府

巴東縣
又至貴州平越府
黄平州
北至河南南陽府
新野縣
南陽縣
南召縣
又至汝寧府
確山縣
以上俱二千里

清鎮縣
安平縣
普定縣
又至平越府
湄潭縣
北至河南開封府
禹州
新鄭縣
以上俱二千五百里

[illegible]

寶慶府屬軍犯編發邊遠極邊地方

邊遠

東至浙江紹興府

山陰縣

會稽縣

嵊縣

又至福建福州府

閩清縣

侯官縣

閩縣

極邊

東至抵海不足四千里

南至抵海不足四千里

西至四川成都府

簡州

又至資州

資陽縣

北至陝西鳳翔府

鳳翔縣

南至廣東潮州府
澄海縣
海陽縣
又至嘉應州
平遠縣
又至惠州府
長寧縣
永安縣
西至四川忠州
墊江縣
又至重慶府

寶雞縣
又至邠州
長武縣
又至甘肅涇州
又至山西朔平府
馬邑縣
又至寧武府
寧武縣
神池縣
又至大同府
山陰縣

長壽縣
又至雲南曲靖府
平彝縣
北至河南河南府
澠池縣
又至山西澤州府
高平縣
又至潞安府
長子縣
以上俱三千里

又至代州
崞縣
以上除東南外西北俱四千里

寶慶府屬軍犯編發烟瘴地方

烟瘴

應發烟瘴人犯解赴雲南

廵撫衙門酌撥安置

衢州府屬軍犯編發附近近邊地方

附近

東至浙江衢州府
龍游縣
西安縣
又至金華府
蘭谿縣
又至福建延平府
順昌縣
南至廣東惠州府

近邊

東至浙江台州府
仙居縣
臨海縣
又至杭州府
仁和縣
錢塘縣
又至紹興府
蕭山縣

博羅縣
歸善縣
海豐縣
河源縣
又至肇慶府
陽春縣
西至湖北宜昌府
巴東縣
又至四川夔州府
巫山縣
又至貴州平越府

山陰縣
會稽縣
又至福建福州府
古田縣
南至廣東潮州府
惠來縣
普寧縣
揭陽縣
又至高州府
茂名縣
又至嘉應州

黃平州
平越縣
又至都勻府
清平縣
北至河南汝寧府
確山縣
遂平縣
西平縣
以上俱二千里

平遠縣
西至四川夔州府
萬　縣
又至貴州安順府
普定縣二千五百里
鎮寧州
又至遵義府
綏陽縣
北至河南開封府
滎澤縣
鄭　州

滎陽縣

汜水縣

又至懷慶府

武陟縣

又至河南府

鞏縣

以上俱二千五百里

衡州府屬軍犯編發邊遠極邊地方

邊遠

東至浙江寧波府

又慈谿縣

鄞縣

奉化縣

鎮海縣

又至福建福州府

羅源縣

又至福寧府

極邊

東至福建漳州府

漳浦縣

龍溪縣

南至抵海不足四千里

西至四川成都府

簡州

成都縣

華陽縣

寧德縣
南至廣東雷州府
海康縣
西至四川重慶府
長壽縣
巴　縣
又至雲南曲靖府
霑益州
馬龍州
北至山西澤州府
沁水縣

新津縣
雙流縣
北至陝西鄜州
洛川縣
又至延安府
甘泉縣
又至甘肅涇州
又至平涼府
平涼縣
以上除南外東西北俱四千里

又至平陽府

翼城縣

又至潞安府

長子縣

屯留縣

襄垣縣

又至河南陝州

靈寶縣

以上俱三千里

衡州府屬軍犯編發烟瘴地方

烟瘴

應發烟瘴人犯解赴雲南

巡撫衙門酌撥安置

常德府屬軍犯編發附近近邊地方

附近

東至江西南昌府

南昌縣

新建縣

進賢縣

又至安徽安慶府

懷寧縣

南至廣東廣州府

清遠縣

近邊

東至安徽寧國府

寧國縣

又至江西廣信府

興安縣

上饒縣

玉山縣

又至建昌府

新城縣

西至四川忠州
墊江縣
又至貴州南籠府
安南縣
普安州
又至大定府
黔西州
又至雲南曲靖府
平彝縣
北至河南河南府
洛陽縣

又至福建邵武府
光澤縣
南至廣東廣州府
東莞縣
南海縣
番禺縣
增城縣
又至肇慶府
新興縣
西至四川重慶府
璧山縣

偃師縣
鞏　縣
新安縣
又至懷慶府
河內縣
又至山西澤州府
鳳臺縣
以上俱二千里

永川縣
榮昌縣
又至雲南雲南府
昆明縣
安寧州
北至山西潞安府
襄垣縣
又至沁州
又至陝西同州府
華陰縣二千五百里
又至河南陝州

閿鄉縣

以上俱二千五百里

常德府屬軍犯編發邊遠極邊地方

邊遠

東至江蘇常州府

無錫縣

金匱縣

又至蘇州府

吳縣

元和縣

長洲縣

又至浙江金華府

極邊

東至福建福寧府

霞浦縣

南至廣東嘉應州

平遠縣

又至惠州府

長寧縣

西至四川敘州府

宜賓縣

金華縣
永康縣
又至嚴州府
建德縣
桐廬縣
又至福建延平府
南平縣
南至廣東惠州府
海豐縣
陸豐縣
又至肇慶府

富順縣
北至陝西延安府
定邊縣
靖邊縣
又至綏德州
米脂縣
以上俱四千里

陽江縣
西至四川資州
資陽縣
又至成都府
簡州
北至山西忻州
又至代州
崞縣
又至陝西西安府
耀州
同官縣

醴泉縣
興平縣
又至鳳翔府
扶風縣
又至乾州
永壽縣
武功縣
以上俱三千里

常德府屬軍犯編發烟瘴地方

烟瘴

應發烟瘴人犯解赴雲南

廵撫衙門酌撥安置

辰州府屬軍流編發附近近邊地方

附近

東至江西九江府

瑞昌縣

德化縣

湖口縣

又至安徽安慶府

宿松縣

太湖縣

又至湖北黃州府

近邊

東至安徽池州府

青陽縣

石埭縣

貴池縣

又至寧國府

南陵縣

又至廬州府

合肥縣

黄梅縣
南至廣西桂林府
陽朔縣
又至廣東韶州府
曲江縣
西至四川夔州府
雲陽縣
北至湖北鄖陽府
鄖　縣
竹山縣
又至河南開封府

又至江西南昌府
進賢縣
又至撫州府
東鄉縣
臨川縣
南至廣東廣州府
清遠縣
三水縣
又至廣西梧州府
蒼梧縣
西至四川忠州

禹州

新鄭縣

以上俱二千里

墊江縣

又至重慶府

長壽縣

又至雲南楚雄府

廣通縣

北至河南河南府

洛陽縣

新安縣

澠池縣

又至山西澤州府

鳳臺縣

高平縣

以上俱二千五百里

辰州府屬軍犯編發邊遠極邊地方

邊遠

東至江蘇江寧府　く
句容縣
江寧縣
上元縣
又至鎮江府
丹陽縣
又至江西廣信府
玉山縣

極邊

東至浙江紹興府
上虞縣
餘姚縣
又至寧波府
慈谿縣
鄞縣
又至福建福州府
侯官縣

又至浙江衢州府
常山縣
又至福建邵武府
光澤縣
邵武縣
南至廣東惠州府
博羅縣
又至廣州府
增城縣
又至肇慶府
高要縣

闔　縣
連江縣
南至廣東潮州府
饒平縣
又至惠州府
長寧縣
永安縣
又至高州府
化　州
石城縣
西至四川嘉定府

新興縣
西至四川敘州府
隆昌縣
又至重慶府
榮昌縣
北至山西沁州
武鄉縣
又至遼州
榆社縣
又至陝西西安府
渭南縣

夾江縣
樂山縣
北至山西保德州
河曲縣
又至大同府
陽高縣
天鎮縣
又至陝西延安府
膚施縣
安塞縣
以上俱四千里

又至同州府

華陰縣

華　州

以上俱三千里

辰州府屬軍犯編發烟瘴地方

烟瘴

應發烟瘴人犯解赴雲南
巡撫衙門酌撥安置

乾州廳

鳳凰營廳

永綏廳屬軍犯編發附近近邊地方

附近

東至江西九江府

瑞昌縣

德化縣

湖口縣

又至安徽安慶府

近邊

東至安徽池州府

青陽縣

石埭縣

貴池縣

又至寧國府

宿松縣
太湖縣
又至湖北黃州府
黃梅縣
南至廣西桂林府
陽朔縣
又至廣東韶州府
曲江縣
西至四川夔州府
雲陽縣
北至湖北鄖陽府

南陵縣
又至廬州府
合肥縣
又至江西南昌府
進賢縣
又至撫州府
東鄉縣
臨川縣
南至廣東廣州府
清遠縣
三水縣

鄖縣
竹山縣
又至河南開封府
禹州
新鄭縣
以上俱二千里

又至廣西梧州府
蒼梧縣
西至四川忠州
墊江縣
又至重慶府
長壽縣
又至雲南楚雄府
廣通縣
北至河南河南府
洛陽縣
新安縣

澠池縣
又至山西澤州府
鳳臺縣
高平縣
以上俱二千五百里

乾州廳

鳳凰營廳

永綏廳屬軍犯編發邊遠極邊地方

邊遠	極邊
東至江蘇江寧府	東至浙江紹興府
句容縣	上虞縣
江寧縣	餘姚縣
上元縣	又至寧波府
又至鎮江府	慈谿縣

丹陽縣
又至江西廣信府
玉山縣
又至浙江衢州府
常山縣
又至福建邵武府
光澤縣
邵武縣
南至廣東惠州府
博羅縣
又至廣州府

鄞縣
又至福建福州府
侯官縣
閩縣
連江縣
南至廣東潮州府
饒平縣
又至惠州府
長寧縣
永安縣
又至高州府

增城縣
又至肇慶府
高要縣
新興縣
西至四川敘州府
隆昌縣
又至重慶府
又榮昌縣
北至山西沁州
又武鄉縣
又至遼州

化州
石城縣
西至四川嘉定府
夾江縣
樂山縣
北至山西保德州
河曲縣
又至大同府
陽高縣
天鎮縣
又至陝西延安府

榆社縣
又至陝西西安府
渭南縣
又至同州府
華陰縣
華　州
以上俱三千里

膚施縣
安塞縣
以上俱四千里

乾州廳

鳳凰營廳

永綏廳屬軍犯編發烟瘴地方

烟瘴

應發烟瘴人犯解赴雲南
巡撫衙門酌撥安置

永州府屬軍犯編發附近近邊地方

附近

東至江西饒州府

德興縣

東至廣信府

上饒縣

西至酉縣

又至建昌府

南新城縣

又至福建邵武府

近邊

東至福建延平府

南平縣

沙縣

又至浙江嚴州府

建德縣

桐廬縣

又至金華府

金華縣

又光澤縣
南至廣東肇慶府
又陽江縣
西至廣西泗城府
凌雲縣
北至湖北安陸府
京山縣
又鍾祥縣
又至河南汝寧府
信陽州
以上俱二千里

永康縣
南至廣東雷州府
遂溪縣
又至高州府
又化州
石城縣
西至抵土司不足二千五百里
北至河南南陽府
舞陽縣
裕州
又至許州

郾城縣

臨潁縣

以上除西外東南北俱二千五

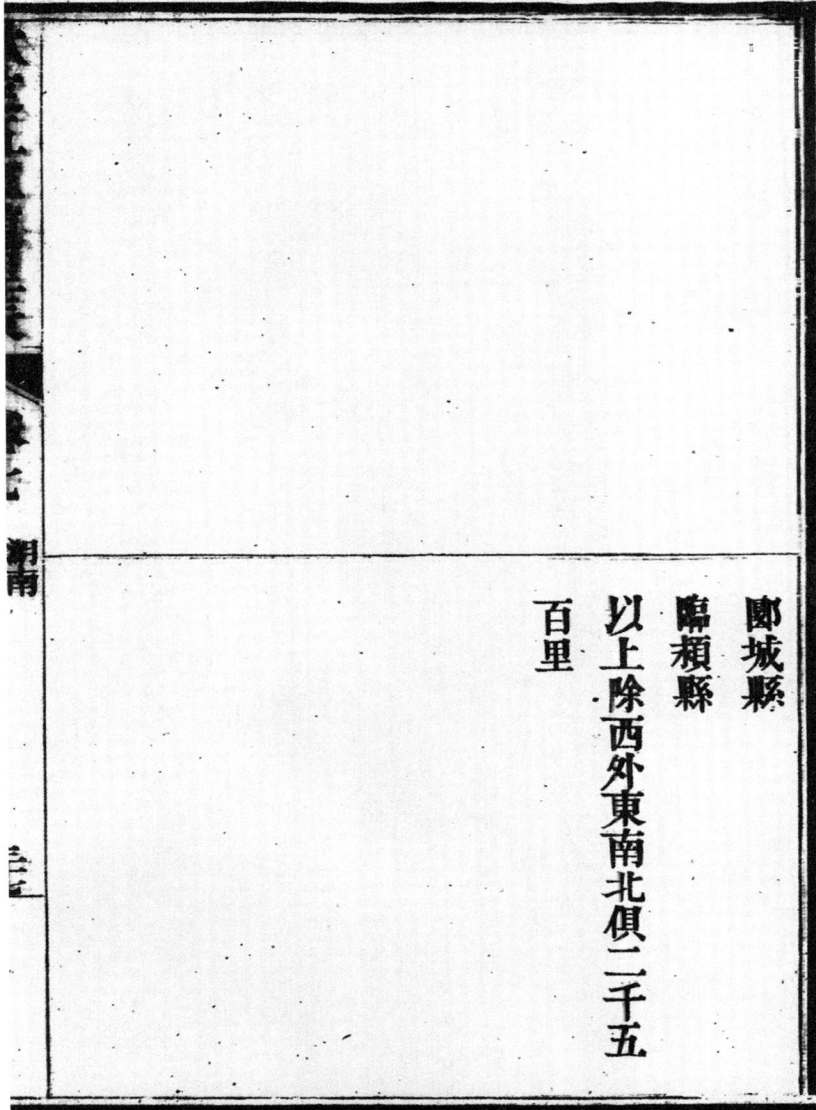

百里

[illegible]

[illegible]

[illegible]

[illegible]

永州府屬軍犯編發邊遠極邊地方

邊遠

東至福建福州府
閩清縣
又閩[illegible]縣[illegible]
侯官縣
連江縣
又至浙江紹興府
西上虞縣原不足三千里
南餘姚縣[illegible]三千里

極邊

東至福建泉州府
惠安縣[illegible]
晉江縣
南至抵海不足四千里
西至抵土司不足四千里
北至山西忻州
又至代州
又崞[illegible]縣[illegible]

南至抵海不足三千里
西至抵土司不足三千里
北至河南懷慶府
河内縣
孟縣
又至河南府
偃師縣
洛陽縣
新安縣
又至山西澤州府
鳳臺縣

又至陜西邠州
淳化縣
三水縣
又至西安府
耀州
同官縣
又至鳳翔府
扶風縣
岐山縣
又至鄜州
宜君縣

以上除南西外東北俱
三千里

又至乾州
永壽縣
武功縣
以上除南西外東北俱四千里

[illegible]

永州府屬軍犯編發烟瘴地方

烟瘴

應發烟瘴人犯解赴雲南
巡撫衙門酌撥安置

[illegible]

[illegible]

[illegible]

[illegible]

永順府屬軍犯編發附近近邊地方

附近

東至湖北黃州府

黃梅縣

廣濟縣

蘄水縣

又至武昌府

又大冶縣

興國州

南至廣西桂林府

近邊

東至安徽安慶府

懷寧縣

桐城縣

又至盧州府

舒城縣

又至江西南康府

建昌縣

又至南昌府

興安縣
靈川縣
又至廣東韶州府
樂昌縣
西至四川夔州府
奉節縣
巫山縣
北至湖北鄖陽府
鄖縣
又至襄陽府
均州

南昌縣
新建縣
南至廣西平樂府
昭平縣
又至廣東韶州府
英德縣
又至廣州府
清遠縣
西至四川忠州
梁山縣
墊江縣

又至河南南陽府
裕　州
葉　縣
又至許州
襄城縣
以上俱二千里

北至河南懷慶府
武陟縣
河內縣
又至開封府
滎澤縣
滎陽縣
氾水縣
又至河南府
鞏　縣
偃師縣
以上俱二千五百里

欽定五軍道里表　卷十

永順府屬軍犯編發邊遠極邊地方

邊遠

東至安徽和州
含山縣
又至寧國府
南陵縣
又至太平府
蕪湖縣
當塗縣
又至江蘇江寧府

極邊

東至浙江杭州府
仁和縣
錢塘縣
又至紹興府
蕭山縣
山陰縣
會稽縣
又至福建福州府

又洋浦縣
又至江西廣信府
弋陽縣
又興安縣
上饒縣
又至建昌府
南城縣
新城縣
南至廣東廣州府
增城縣
又南海縣

又閩清縣
南至廣東嘉應州
鎮平縣
平遠縣
又至潮州府
普寧縣
揭陽縣
又至高州府
電白縣
茂名縣
西至四川成都府

番禺縣
又至肇慶府
德慶州
西至四川重慶府
巴　縣
璧山縣
永川縣
北至山西潞安府
長子縣
又屯留縣
又襄垣縣

鄆　縣
灌　縣
北至山西寧武府
又神池縣
偏關縣
又至朔平府
又朔州
平魯縣
又馬邑縣
又至大同府
應州

又至洮州

又至河南陝州

靈寶縣

閿鄉縣

以上俱三千里

[illegible]縣

[illegible]縣

西至西寧衛[illegible]

[illegible]

又至[illegible]

番[illegible]縣

懷仁縣

又由陰縣[illegible]

又至陝西延安府

甘泉縣

又至鄜州

又至甘肅平涼府

平涼縣

又至涇州

以上俱四千里

[illegible]縣

[illegible]縣

永順府屬軍犯編發烟瘴地方

烟瘴

應發烟瘴人犯解赴雲南
巡撫衙門酌撥安置

[illegible]門酒[illegible]

[illegible]人[illegible]

[illegible]

表[illegible]

沅州府屬軍犯編發附近近邊地方

附近

東至湖北黃州府

蘄水縣

黃岡縣

又至武昌府

武昌縣

大冶縣

南至廣西桂林府

全州

近邊

東至安徽安慶府

潛山縣

懷寧縣

桐城縣

又至江西九江府

德安縣

又至南康府

建昌縣

興安縣
西至四川夔州府
巫山縣
又至雲南雲南府
祿豐縣
北至湖北襄陽府
均　州
又至河南南陽府
南陽縣
南召縣
裕　州

南至廣西平樂府
昭平縣
平樂縣
又至廣東韶州府
英德縣
西至四川夔州府
萬　縣
北至河南開封府
鄭　州
滎陽縣
汜水縣

以上俱二千里

滎澤縣

又至懷慶府

武陟縣

以上俱二千五百里

[illegible]

沅州府屬軍犯編發邊遠極邊地方

邊遠

東至安徽廬州府

巢縣

又至寧國府

南陵縣

又至太平府

蕪湖縣

又至和州

含山縣

極邊

東至浙江杭州府

仁和縣

錢塘縣

又至紹興府

蕭山縣

又至福建福州府

古田縣

南至廣東潮州府

又至江西饒州府
安仁縣
又至廣信府
貴溪縣
弋陽縣
又至建昌府
南城縣
南至廣東廣州府
三水縣
南海縣
番禺縣

惠來縣
潮陽縣
又至高州府
電白縣
西至四川成都府
成都縣
華陽縣
新津縣
雙流縣
北至山西朔平府
馬邑縣

又至肇慶府
德慶州
封川縣
又至廣西梧州府
蒼梧縣
西至四川重慶府
長壽縣
巴縣
北至河南陝州
又至河南府
澠池縣

朔州
又至陝西鳳翔府
寶雞縣
又至鄜州
中部縣
洛川縣
又至邠州
長武縣
又至甘肅涇州
以上俱四千里

又至山西澤州府

陽城縣

沁水縣

高平縣

又至潞安府

長子縣

屯留縣

以上俱三千里

以上俱四千里

[illegible]

沅州府屬軍犯編發烟瘴地方

烟瘴

應發烟瘴人犯解赴雲南

巡撫衙門酌撥安置

靖州屬軍犯編發附近近邊地方

附近

東至江西南昌府

奉新縣

南昌縣

新建縣

南至廣東肇慶府

高要縣

新興縣

西至湖北宜昌府

近邊

東至江西饒州府

浮梁縣

又至廣信府

興安縣

上饒縣

玉山縣

又至建昌府

新城縣

南至廣東肇慶府

陽春縣

陽江縣

西至四川夔州府

奉節縣

雲陽縣

北至河南許州

襄城縣

又至開封府

禹　州

又至南陽府

西　歸　州

北至河南南陽府

南陽縣

南召縣

新野縣

又至湖北襄陽府

襄陽縣

穀城縣

以上俱二千里

葉縣

以上俱二千五百里

欽定五軍道里表 卷

以上計二千五百里

葉緯

靖州屬軍犯編發邊遠極邊地方

邊遠

東至浙江金華府

蘭谿縣

金華縣

永康縣

又至嚴州府

建德縣

又至福建延平府

順昌縣

極邊

東至浙江寧波府

奉化縣

鎮海縣

象山縣

又至福建福寧府

霞浦縣

南至抵海不足四千里

西至四川成都府

南平縣
南至廣東高州府
化　州
石城縣
西至四川忠州
梁山縣
墊江縣
北至河南懷慶府
河內縣
孟　縣
又至河南府

簡　州
又至資州
資陽縣
北至山西忻州
又至代州
崞　縣
又至陝西西安府
三原縣
耀　州
同官縣
醴泉縣

鞏　縣
偃師縣
洛陽縣
又至山西澤州府
鳳臺縣
以上俱三千里

興平縣
又至鳳翔府
扶風縣
又至乾州
武功縣
永壽縣
以上除南外東西北俱四千里

[illegible]

靖州屬軍犯編發烟瘴地方

烟瘴

應發烟瘴人犯解赴雲南巡撫衙門酌撥安置

并蘇[illegible]西[illegible]湖[illegible]支[illegible]

蘇[illegible]西[illegible]人[illegible]

[illegible]

哲[illegible]沙人[illegible]軍[illegible]參[illegible]

郴州屬軍犯編發附近近邊地方

附近

東至江西廣信府
又上饒縣
玉山縣
又至建昌府
新城縣
東至饒州府
浮梁縣
又德興縣

近邊

東至浙江金華府
蘭谿縣
金華縣
永康縣
又至嚴州府
建德縣
桐廬縣
又至福建延平府

又至福建邵武府
光澤縣
南至廣東惠州府
海豐縣
陸豐縣
龍川縣
又至潮州府
惠來縣
又至高州府
電白縣
又至嘉應州

南平縣
南至廣東潮州府
豐順縣
西至四川夔州府
奉節縣
巫山縣
又至貴州貴陽府
貴定縣
龍里縣
貴筑縣
又至平越府

長樂縣
西至貴州思州府
玉屏縣
青溪縣
又至湖北襄陽府
宜城縣
襄陽縣
北至湖北安陸府
京山縣
鍾祥縣
又至河南汝寧府

平越縣
甕安縣
北至河南許州
郾城縣
臨潁縣
以上俱二千五百里

信陽州
以上俱二千里

郴州屬軍犯編發邊遠極邊地方

邊遠

東至浙江紹興府

山陰縣

會稽縣

上虞縣

又至福建福州府

閩清縣

候官縣

閩縣

極邊

東至抵海不足四千里

南至抵海不足四千里

西至四川資州

內江縣

又至雲南楚雄府

廣通縣

北至陝西鄜州

宜君縣

欽定五軍道里表　卷

南至廣東嘉應州

平遠縣

鎮平縣

西至四川忠州

梁山縣

又至貴州安順府

永寧州

又至南籠府

安南縣

普安州

又至遵義府

中部縣

又至西安府

耀州

同官縣

醴泉縣

又至鳳翔府

扶風縣

岐山縣

又至乾州

武功縣

永壽縣

遵義縣
北至河南懷慶府
河內縣
又至河南府
偃師縣
洛陽縣
新安縣
又至山西澤州府
鳳臺縣
以上俱三千里

以上除東南外西北俱四千里

郴州屬軍犯編發烟瘴地方

烟瘴

應發烟瘴人犯解赴雲南

巡撫衙門酌撥安置

欽定五軍道里表　卷十

澧州屬軍犯編發附近近邊地方

附近

東至安徽池州府

貴池縣

青陽縣

又至廬州府

合肥縣

又至江西撫州府

東鄉縣

臨川縣

近邊

東至浙江衢州府

常山縣

西安縣

又至江蘇江寧府

句容縣

又至鎮江府

丹陽縣

又至福建邵武府

又至饒州府
餘干縣
安仁縣
南至廣東韶州府
英德縣
又至廣西平樂府
昭平縣
西至貴州安順府
鎮寧州
永寧州
又至遵義府

光澤縣
邵武縣
南至廣東廣州府
三水縣
南海縣
番禺縣
又至肇慶府
封川縣
德慶州
西至四川資州
內江縣

綏陽縣
遵義縣
又至四川重慶府
長壽縣
北至山西澤州府
高平縣
鳳臺縣
又至潞安府
長子縣
又至河南河南府
澠池縣

又至敘州府
隆昌縣
又至貴州大定府
畢節縣
又至雲南曲靖府
馬龍州
北至山西沁州
武鄉縣
又至太原府
祁縣
徐溝縣

新安縣

以上俱二千里

又至陝西西安府

渭南縣

臨潼縣

又至同州府

華　州

以上俱二千五百里

澧州屬軍犯編發邊遠極邊地方

邊遠

東至浙江杭州府

富陽縣

仁和縣

錢塘縣

又至紹興府

蕭山縣

又至台州府

仙居縣

極邊

東至抵海不足四千里

南至廣東潮州府

豐順縣

又至嘉應州

西至四川敘州府

富順縣

南溪縣

北至甘肅蘭州府

又至福建福州府
古田縣
南至廣東惠州府
海豐縣
河源縣
又至肇慶府
陽春縣
西至雲南雲南府
祿豐縣
又至楚雄府
廣通縣

皐蘭縣
渭源縣
又至陜西延安府
定邊縣
安定縣
以上除東外南西北俱四千里

又至四川成都府

簡州

成都縣

華陽縣

雙流縣

北至山西寧武府

寧武縣

神池縣

又至代州

崞縣

又至朔平府

馬邑縣
又至陝西鳳翔府
岐山縣
鳳翔縣
寶雞縣
又至鄜州
宜君縣
中部縣
洛川縣
又至邠州
長武縣

以上俱三千里

至

澧州屬軍犯編發烟瘴地方

烟瘴

應發烟瘴人犯解赴雲南

巡撫衙門酌撥安置

桂陽州屬軍犯編發附近近邊地方

附近

東至江西廣信府

上饒縣

玉山縣

又至建昌府

西新城縣

又至福建邵武府

光澤縣

南至廣東惠州府

近邊

東至浙江金華府

金華縣

永康縣

又至嚴州府

建德縣

桐廬縣

又至福建延平府

南平縣

陸豐縣
龍川縣
海豐縣
西至湖北宜昌府
歸州
又至貴州思州府
玉屏縣
青溪縣
北至河南汝寧府
信陽州
以上俱二千里

又至建寧府
建安縣
甌寧縣
南至廣東潮州府
潮陽縣
海陽縣
又至高州府
石城縣
又至雷州府
遂溪縣
西至四川夔州府

奉節縣
又至貴州貴陽府
貴定縣
龍里縣
貴筑縣
又至平越府
甕安縣
北至河南許州
郾城縣
臨潁縣
以上俱二千五百里

桂陽州屬軍犯編發邊遠極邊地方

邊遠

東至浙江台州府

黃巖縣

又至温州府

樂清縣

又至紹興府

上虞縣

餘姚縣

又至福建福州府

極邊

東至福建福寧府

壽寧縣

南至抵海不足四千里

西至四川資州

資陽縣

又至雲南楚雄府

廣通縣

北至陝西鄜州

閬清縣

保官縣

閬　縣

南至抵海不足三千里

西至四川忠州

梁山縣

墊江縣

又至貴州安順府

永寧州

又至南籠府

安南縣

中部縣

宜君縣

又至西安府

耀　州

同官縣

又至鳳翔府

扶風縣

岐山縣

又至乾州

武功縣

永壽縣

普安州
北至河南懷慶府
河内縣
又至河南府
偃師縣
洛陽縣
新安縣
又至山西澤州府
鳳臺縣
以上除南外東西北俱
三千里

又至邠州
以上除南外東西北俱四千里

三千里

以上係西分東西北首

鳳臺縣

又至山西潞安府

新安縣

洛陽縣

偃師縣

又至河南陝州

河內縣

又至河南懷慶府

濟源縣

以上係西分東西北首三千里

又至解州

桂陽州屬軍犯編發烟瘴地方

烟瘴

應發烟瘴人犯解赴雲南

巡撫衙門酌撥安置

欽定五軍道里表卷之八

福建

福州府屬軍犯編發附近近邊地方

附近

東至抵海不足二千里

南至抵海不足二千里

西至廣東廣州府

東莞縣

南海縣

近邊

東至抵海不足二千五百里

南至抵海不足二千五百里

西至湖南長沙府

長沙縣

善化縣

番禺縣
又至江西臨江府
新喻縣
又至袁州府
分宜縣
又至九江府
德化縣
又至湖北黃州府
黃梅縣
北至浙江杭州府
錢塘縣

攸縣
又至湖北武昌府
江夏縣
又至漢陽府
漢陽縣
又至廣東肇慶府
高要縣
北至江蘇常州府
無錫縣
金匱縣
武進縣

仁和縣

又至嘉興府

石門縣

以上除東南外西北俱二千里

陽湖縣

以上除東南外西北俱二千五百里

欽定五軍道里表　卷八

[illegible]十里
又[illegible]里[illegible]
[illegible]
[illegible]
[illegible]

[illegible]
又[illegible]西[illegible]十[illegible]
[illegible]

福州府屬軍犯編發邊遠極邊地方

邊遠

東至抵海不足三千里

南至抵海不足三千里

西至湖南常德府

龍陽縣

又武陵縣

桃源縣

又至永州府

祁陽縣

極邊

東至抵海不足四千里

南至抵海不足四千里

西至四川夔州府

巫山縣

奉節縣

又至廣西慶遠府

又宜山縣

又至柳州府

零陵縣
又至湖北安陸府
潛江縣
又至廣西潯州府
平南縣
北至江蘇揚州府
高郵州
寶應縣
又至淮安府
山陽縣
清河縣

又來賓縣
又至思恩府
遷江縣
北至山東泰安府
新泰縣
泰安縣
肥城縣
以上除東南外西北俱四千里

又至安徽滁州

又至鳳陽府

定遠縣

以上除東南外西北俱

三千里

[illegible]

福州府屬軍犯編發烟瘴地方

烟瘴

應發烟瘴人犯解赴貴州

巡撫衙門酌撥安置

臺灣府屬軍犯俱寄禁省監由省起解編發附

近近邊地方

附近

東至抵海不足二千里
南至抵海不足二千里
西至廣東廣州府
東莞縣
南海縣
番禺縣

近邊

東至抵海不足二千五百里
南至抵海不足二千五百里
西至湖南長沙府
長沙縣
善化縣
攸　縣

又至江西臨江府
新喻縣
又至袁州府
分宜縣
又至九江府
德化縣
又至湖北黄州府
黄梅縣
北至浙江杭州府
錢塘縣
仁和縣

又至湖北武昌府
江夏縣
又至漢陽府
漢陽縣
又至廣東肇慶府
高要縣
北至江蘇常州府
無錫縣
金匱縣
武進縣
陽湖縣

又至嘉興府
以上除東南外西北俱二千五百里
石門縣
以上除東南外西北俱二千里

[illegible]

臺灣府屬軍犯俱寄禁省監由省起解編發邊遠極邊地方

邊遠

東至抵海不足三千里

南至抵海不足三千里

西至湖南常德府

龍陽縣

武陵縣

又桃源縣

極邊

東至抵海不足四千里

南至抵海不足四千里

西至四川夔州府

巫山縣

奉節縣

又至廣西慶遠府

又至永州府
祁陽縣
零陵縣
又至湖北安陸府
潛江縣
又至廣西潯州府
平南縣
北至江蘇揚州府
高郵州
寶應縣
又至淮安府

宜山縣
又至柳州府
來賓縣
又至思恩府
遷江縣
北至山東泰安府
新泰縣
泰安縣
肥城縣
以上除東南外西北俱四千里

山陽縣
清河縣
又至安徽滁州
又至鳳陽府
定遠縣
以上除東南外西北俱
三千里

[illegible]

[illegible]

[illegible]

[illegible]

[illegible]

[illegible]

[illegible]

臺灣府屬軍犯俱寄禁省監由省起解編發烟

瘴地方

烟瘴

應發烟瘴人犯解赴貴州

巡撫衙門酌撥安置

[illegible]

泉州府屬軍犯編發附近近邊地方

附近

東至抵海不足二千里

南至抵海不足二千里

西至廣東肇慶府

高要縣

又至廣州府

三水縣

又至江西吉安府

吉水縣

近邊

東至抵海不足二千五百里

南至抵海不足二千五百里

西至廣西梧州府

蒼梧縣

藤縣

又至江西袁州府

宜春縣

萍鄉縣

又至臨江府
峽江縣
新淦縣
北至浙江金華府
蘭谿縣
又至嚴州府
建德縣
以上除東南外西北俱
二千里

北至浙江嘉興府
石門縣
嘉興縣
秀水縣
以上除東南外西北俱二千五
百里

泉州府屬軍犯編發邊遠極邊地方

邊遠

東至抵海不足三千里

南至抵海不足三千里

西至廣西潯州府

貴縣

又至南寧府

橫州

又至湖南長沙府

寧鄉縣

極邊

東至抵海不足四千里

南至抵海不足四千里

西至廣西慶遠府

河池州

又至貴州思州府

玉屏縣

北至山東沂州府

郯城縣

益陽縣
又至衡州府
衡山縣
衡陽縣
清泉縣
北至江蘇常州府
武進縣
陽湖縣
又至鎮江府
丹陽縣
丹徒縣

蘭山縣
蒙陰縣
日照縣
以上除東南外西北俱四千里

以上除東南外西北俱
三千里

三千[illegible]里

[illegible]

泉州府屬軍犯編發烟瘴地方

烟瘴

應發烟瘴人犯解赴貴州

巡撫衙門酌撥安置

欽定五軍道里表　卷八

十四

永春州屬軍犯編發附近近邊地方

附近

東至抵海不足二千里

南至抵海不足二千里

西至廣東肇慶府

高要縣

又至廣州府

三水縣

又至江西吉安府

吉水縣

近邊

東至抵海不足二千五百里

南至抵海不足二千五百里

西至廣西梧州府

蒼梧縣

藤縣

又至江西袁州府

宜春縣

萍鄉縣

又至臨江府
峽江縣
新淦縣
北至浙江金華府
蘭谿縣
又至嚴州府
建德縣
以上除東南外西北俱
二千里

北至浙江嘉興府
石門縣
嘉興縣
秀水縣
以上除東南外西北俱二千五
百里

永春州屬軍犯編發邊遠極邊地方

邊遠

東至抵海不足三千里

南至抵海不足三千里

西至廣西潯州府

貴縣

又至南寧府

橫州

又至湖南長沙府

寧鄉縣

極邊

東至抵海不足四千里

南至抵海不足四千里

西至廣西慶遠府

河池州

又至貴州思州府

玉屏縣

北至山東沂州府

郯城縣

益陽縣
又至衡州府
衡山縣
衡陽縣
清泉縣
北至江蘇常州府
武進縣
陽湖縣
又至鎮江府
丹陽縣
丹徒縣

蘭山縣
蒙陰縣
日照縣
以上除東南外西北俱四千里

以上除東南外西北俱三千里

永春州屬軍犯編發烟瘴地方

烟瘴

應發烟瘴人犯解赴貴州
巡撫衙門酌撥安置

建寧府屬軍犯編發附近近邊地方

附近

東至抵海不足二千里

南至抵海不足二千里

西至廣東潮州府

普寧縣

惠來縣

又至湖南長沙府

攸縣

長沙縣

近邊

東至抵海不足二千五百里

南至抵海不足二千五百里

西至廣東惠州府

歸善縣

博羅縣

又至湖南永州府

祁陽縣

零陵縣

善化縣
又至湖北黃州府
黃岡縣
又至武昌府
江夏縣
北至江蘇鎮江府
丹陽縣
丹徒縣
又至揚州府
江都縣
甘泉縣

又至常德府
武陵縣
桃源縣
又至湖北安陸府
天門縣
潛江縣
北至江蘇淮安府
清河縣
桃源縣
安東縣
又至徐州府

儀徵縣

以上除東南外西北俱

二千里

宿遷縣

又至安徽鳳陽府

定遠縣

鳳陽縣

靈璧縣

以上除東南外西北俱二千五

百里

建寧府屬軍犯編發邊遠極邊地方

邊遠

東至抵海不足三千里

南至抵海不足三千里

西至廣東廣州府

番禺縣

南海縣

三水縣

又至廣西桂林府

靈川縣

極邊

東至抵海不足四千里

南至抵海不足四千里

西至廣西南寧府

宣化縣

又至思恩府

賓州

又至潯州府

貴縣

臨桂縣
又至湖南辰州府
辰谿縣
又至湖北宜昌府
東湖縣
北至山東沂州府
蘭山縣
蒙陰縣
沂水縣
以上除東南外西北俱
三千里

又至四川夔州府
萬縣
北至直隸停止編發
以上除東南北外西係四千里

建寧府屬軍犯編發烟瘴邉方

烟瘴

應發烟瘴人犯解赴貴州

廵撫衙門酌撥安置

延平府屬軍犯編發附近近邊地方

附近

東至抵海不足二千里

南至抵海不足二千里

西至廣東潮州府

惠來縣

又至惠州府

陸豐縣

又至湖南衡州府

衡山縣

近邊

東至抵海不足二千五百里

南至抵海不足二千五百里

西至湖南永州府

祁陽縣

零陵縣

又至常德府

桃源縣

又至廣西桂林府

又至長沙府
長沙縣
善化縣
寧鄉縣
又至湖北武昌府
江夏縣
又至漢陽府
漢陽縣
漢川縣
北至江蘇常州府
武進縣

全州
又至廣東惠州府
博羅縣
又至廣州府
東莞縣
又至湖北荆州府
江陵縣
北至江蘇揚州府
寶應縣
又至淮安府
山陽縣

陽湖縣
又至鎮江府
丹陽縣
以上除東南外西北俱
二千里

清河縣
桃源縣
安東縣
又至安徽滁州
又至鳳陽府
定遠縣
以上除東南外西北俱二千五
百里

延平府屬軍犯編發邊遠極邊地方

邊遠

東至抵海不足三千里

南至抵海不足三千里

西至廣西桂林府

臨桂縣

永福縣

又至柳州府

雒容縣

又至廣東廣州府

極邊

東至抵海不足四千里

南至抵海不足四千里

西至廣西思恩府

賓州

又至南寧府

宣化縣

橫州

又至潯州府

三水縣
又至肇慶府
高要縣
北至山東沂州府
郯城縣
蘭山縣
沂水縣
日照縣
以上除東南外西北俱
三千里

貴　縣
又至四川忠州
梁山縣
北至山東濟南府
德　州
以上除東南外西北俱四千里

延平府屬軍犯編發烟瘴地方

烟瘴

應發烟瘴人犯解赴貴州

巡撫衙門酌撥安置

欽定五軍道里表　卷八

[illegible]

[illegible]

[illegible]

[illegible]

汀州府屬軍犯編發附近近邊地方

附近

東至抵海不足二千里

南至抵海不足二千里

西至廣東肇慶府

高要縣

德慶州

又至湖南衡州府

衡山縣

衡陽縣

近邊

東至抵海不足二千五百里

南至抵海不足二千五百里

西至廣西平樂府

昭平縣

又至潯州府

平南縣

桂平縣

又至桂林府

清泉縣
又至長沙府
寧鄉縣
益陽縣
北至湖北黃州府
蘄水縣
又至安徽安慶府
潛山縣
桐城縣
以上除東南外西北俱
二千里

全州
興安縣
北至河南光州
固始縣
又至浙江嚴州府
建德縣
桐廬縣
以上除東南外西北俱二千五
百里

汀州府屬軍犯編發邊遠極邊地方

邊遠

東至抵海不足三千里
南至抵海不足三千里
西至廣西南寧府
橫州
又永淳縣[illegible]
北至安徽潁州府
亳州
又至河南歸德府

極邊

東至抵海不足四千里
南至抵海不足四千里
西至廣西南寧府[illegible]
宣化縣
北至江蘇淮安府
又山陽縣[illegible]
清河縣
又桃源縣[illegible]

鹿邑縣
柘城縣
睢　州
又至浙江嘉興府
嘉興縣
秀水縣
又至江蘇蘇州府
吳江縣
震澤縣
元和縣
長洲縣

又至徐州府
宿遷縣
又至安徽鳳陽府
鳳陽縣
靈璧縣
以上除東南外西北俱四千里

吳　縣

以上除東南外西北俱

三千里

三十里

[illegible]至泊東南[illegible]十[illegible]十

幾[illegible]

欽定五軍道里表

汀州府屬軍犯編發烟瘴地方

烟瘴

應發烟瘴人犯解赴貴州
巡撫衙門酌撥安置

欽定五軍道里表　卷八

興化府屬軍犯編發附近近邊地方

附近

東至抵海不足二千里

南至抵海不足二千里

西至江西南昌府

南昌縣

新建縣

又至瑞州府

高安縣

又至臨江府

近邊

東至抵海不足二千五百里

南至抵海不足二千五百里

西至廣東韶州府

英德縣

又至肇慶府

德慶州

封川縣

又至廣西梧州府

清江縣
又至南康府
建昌縣
又至九江府
德安縣
又至廣東廣州府
南海縣
番禺縣
北至浙江嚴州府
建德縣
桐廬縣

蒼梧縣
又至江西袁州府
萍鄉縣
又至湖南長沙府
醴陵縣
又至湖北黄州府
蘄水縣
北至浙江嘉興府
嘉興縣
秀水縣
又至江蘇蘇州府

又至杭州府

富陽縣

以上除東南外西北俱

二千里

吳江縣

震澤縣

元和縣

長洲縣

吳　縣

以上除東南外西北俱二千五

百里

[illegible]

卷八

興化府屬軍犯編發邊遠極邊地方

邊遠

東至抵海不足三千里

南至抵海不足三千里

西至湖南衡州府

衡陽縣

清泉縣

衡山縣

又至永州府

祁陽縣

極邊

東至抵海不足四千里

南至抵海不足四千里

西至貴州思州府

青溪縣

玉屏縣

又至廣西慶遠府

河池州

又至湖北宜昌府

又至長沙府
益陽縣
又至常德府
龍陽縣
又至廣西潯州府
桂平縣
貴　縣
又至湖北漢陽府
漢川縣
又至安陸府
天門縣

歸　州
巴東縣
北至山東沂州府
蒙陰縣
沂水縣
又至泰安府
新泰縣
以上除東南外西北俱四千里

北至江蘇鎮江府

丹陽縣

丹徒縣

又至揚州府

儀徵縣

江都縣

甘泉縣

高郵州

又至江寧府

六合縣

以上除東南外西北俱

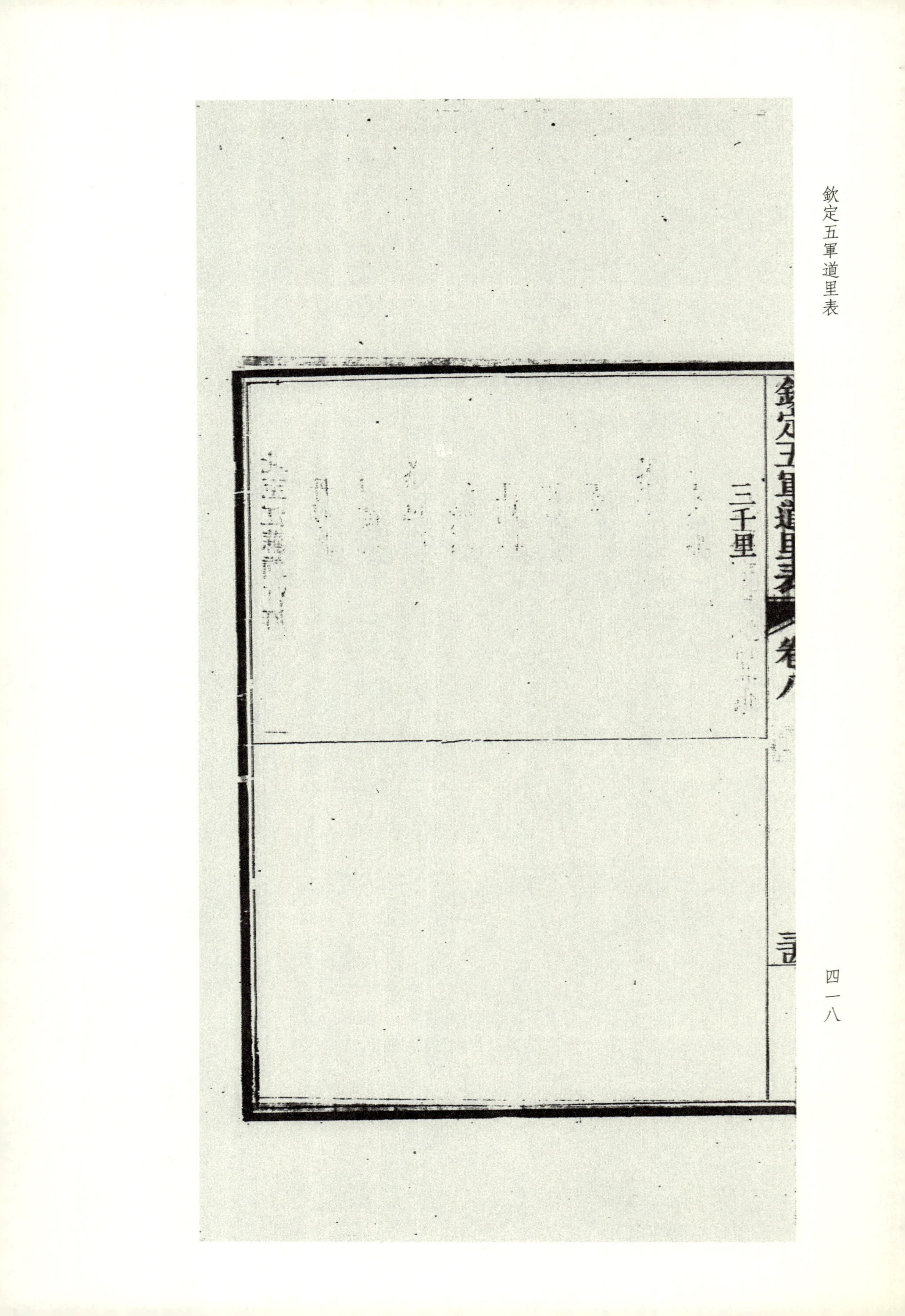

三千里

興化府屬軍犯編發烟瘴地方

烟瘴

應發烟瘴人犯解赴貴州
巡撫衙門酌撥安置

邵武府屬軍犯編發附近近邊地方

附近

東至抵海不足二千里

南至抵海不足二千里

西至湖南常德府

龍陽縣

武陵縣

桃源縣

又至永州府

祁陽縣

近邊

東至抵海不足二千五百里

南至抵海不足二千五百里

西至湖南辰州府

沅陵縣

辰谿縣

又至湖北荆州府

宜都縣

又至宜昌府

又至湖北安陸府

天門縣

潛江縣

北至浙江嘉興府

嘉興縣

秀水縣

又至江蘇蘇州府

吳江縣

震澤縣

元和縣

長洲縣

東湖縣

又至廣西桂林府

靈川縣

臨桂縣

北至江蘇鎮江府

丹陽縣

丹徒縣

又至揚州府

江都縣

甘泉縣

儀徵縣

吳縣
以上除東南外西北俱
二千里

以上除東南外西北俱二千五
百里

欽定五軍道里表　卷八

邵武府屬軍犯編發邊遠極邊地方

邊遠

東至抵海不足三千里

南至抵海不足三千里

西至四川夔州府

巫山縣

又至貴州思州府

玉屏縣

青溪縣

又至廣西柳州府

極邊

東至抵海不足四千里

南至抵海不足四千里

西至四川重慶府

長壽縣

巴　縣

北至山東濟南府

長淸縣

齊河縣

象州
北至江蘇淮安府
清河縣
桃源縣
又至徐州府
宿遷縣
又至安徽鳳陽府
鳳陽縣
靈璧縣
以上除東南外西北俱
三千里

禹城縣
又至泰安府
肥城縣
以上除東南外西北俱四千里

邵武府屬軍犯編發烟瘴地方

烟瘴

應發烟瘴人犯解赴貴州

巡撫衙門酌撥安置

漳州府屬軍犯編發附近近邊地方

附近

東至抵海不足二千里

南至抵海不足二千里

西至廣東肇慶府

德慶州

封川縣

又至韶州府

英德縣

又至江西臨江府

近邊

東至抵海不足二千五百里

南至抵海不足二千五百里

西至廣西潯州府

平南縣

桂平縣

貴縣

又至湖南長沙府

長沙縣

新喻縣
又至袁州府
分宜縣
北至浙江衢州府
江山縣
西安縣
以上除東南外西北俱
二千里

善化縣
攸　縣
北至浙江嚴州府
桐廬縣
又至杭州府
富陽縣
以上除東南外西北俱二千五
百里

漳州府屬軍犯編發邊遠極邊地方

邊遠	極邊
東至抵海不足三千里	東至抵海不足四千里
南至抵海不足三千里	南至抵海不足四千里
西至廣西柳州府	西至貴州思州府
馬平縣	玉屏縣
象州	青溪縣
又至湖南常德府	北至江蘇淮安府
武陵縣	桃源縣
桃源縣	又至徐州府

又至永州府

祁陽縣

零陵縣

北至浙江嘉興府

嘉興縣

秀水縣

又至江蘇蘇州府

吳江縣

震澤縣

元和縣

長洲縣

宿遷縣

又至海州

又至安徽鳳陽府

靈璧縣

又至山東沂州府

郯城縣

以上除東南外西北俱四千里

吳縣

以上除東南外西北俱

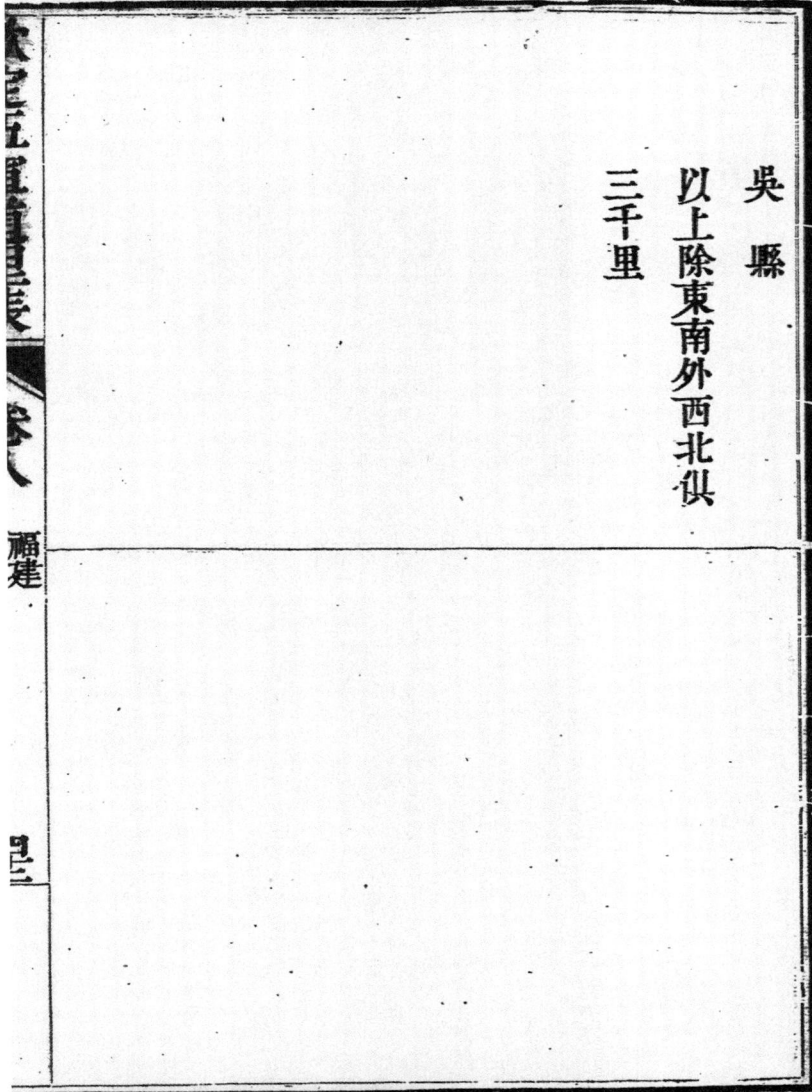

三千里

漳州府屬軍犯編發烟瘴地方

烟瘴

應發烟瘴人犯解赴貴州
巡撫衙門酌撥安置

龍巖州屬軍犯編發附近近邊地方

附近
東至抵海不足二千里
南至抵海不足二千里
西至廣東肇慶府
德慶州
封川縣
又至韶州府
英德縣
又至江西臨江府

近邊
東至抵海不足二千五百里
南至抵海不足二千五百里
西至廣西潯州府
平南縣
桂平縣
貴　縣
又至湖南長沙府
長沙縣

新喻縣

又至袁州府

分宜縣

北至浙江衢州府

江山縣

西安縣

以上除東南外西北俱

二千里

善化縣

攸　縣

北至浙江嚴州府

桐廬縣

又至杭州府

富陽縣

以上除東南外西北俱二千五

百里

龍巖州屬軍犯編發邊遠極邊地方

邊遠

東至抵海不足三千里

南至抵海不足三千里

西至廣西柳州府

馬平縣

象州

又至湖南常德府

武陵縣

桃源縣

極邊

東至抵海不足四千里

南至抵海不足四千里

西至貴州思州府

玉屏縣

青溪縣

北至江蘇淮安府

桃源縣

又至徐州府

又至永州府
祁陽縣
零陵縣
北至浙江嘉興府
嘉興縣
秀水縣
又至江蘇蘇州府
吳江縣
震澤縣
元和縣
長洲縣

宿遷縣
又至海州
又至安徽鳳陽府
靈璧縣
又至山東沂州府
郯城縣
以上除東南外西北俱四千里

吳縣

以上除東南外西北俱三千里

欽定五軍道里表　卷八

龍巖州屬軍犯編發烟瘴地方

烟瘴

應發烟瘴人犯解赴貴州

巡撫衙門酌撥安置

欽定五軍道里表 卷八

福寧府屬軍犯編發附近近邊地方

附近

東至抵海不足二千里

南至抵海不足二千里

西至江西撫州府

臨川縣

又至廣東潮州府

惠來縣

北至江蘇常州府

無錫縣

近邊

東至抵海不足二千五百里

南至抵海不足二千五百里

西至江西臨江府

清江縣

新喻縣

又至九江府

德安縣

德化縣

金匱縣
武進縣
陽湖縣
又至鎮江府
丹陽縣
以上除東南外西北俱
二千里

又至廣東惠州府
歸善縣
博羅縣
北至江蘇揚州府
寶應縣
又至淮安府
山陽縣
安東縣
又至安徽滁州
又至鳳陽府
定遠縣

以上除東南外西北俱二千五百里

福寧府屬軍犯編發邊遠極邊地方

邊遠

東至抵海不足三千里
南至抵海不足三千里
西至江西袁州府
萍鄉縣
又至湖南長沙府
攸縣
醴陵縣
又至湖北黃州府

極邊

東至抵海不足四千里
南至抵海不足四千里
西至湖南辰州府
沅陵縣
辰谿縣
又至湖北荊州府
枝江縣
宜都縣

黃岡縣
又至廣東廣州府
三水縣
北至江蘇海州
贛榆縣
又至山東沂州府
日照縣
郯城縣
蘭山縣
以上除東南外西北俱
三千里

又至宜昌府
東湖縣
又至廣西潯州府
貴　縣
武宣縣
北至山東濟南府
德　州
以上除東南外西北俱四千里

欽定五軍道里表卷之九

山東

濟南府屬軍犯編發附近近邊地方

附近

東至抵海不足二千里

南至安徽安慶府

懷寧縣

又至池州府

東流縣

近邊

東至抵海不足二千五百里

南至浙江紹興府

上虞縣

餘姚縣

嵊縣

又至徽州府
歙　縣
休寧縣
又至浙江嘉興府
嘉興縣
秀水縣
石門縣
西至山西大同府
山陰縣
應　州
懷仁縣

又至嚴州府
桐廬縣
建德縣
西至陝西延安府
膚施縣
甘泉縣
安塞縣
又至甘肅平凉府
平凉縣
又至慶陽府
安化縣

又至陝西西安府　北至抵邊不足二千五百里

耀州　一以上除東北外南西俱二千五

同官縣　百里

涇陽縣

咸陽縣

醴泉縣

又至邠州

淳化縣

又至乾州

北至直隸停止編發

以上除東北外南西俱

二千里

二

濟南府屬軍犯編發邊遠極邊地方

邊遠	極邊
東至抵海不足三千里	東至抵海不足四千里
南至浙江台州府	南至福建福州府
黄巖縣	閩清縣
太平縣	又至福寧府
寧海縣	霞浦縣
又至衢州府	西至甘肅凉州府
江山縣	武威縣
又至處州府	永昌縣

麗水縣

西至甘肅寧夏府

寧夏縣

寧朔縣

靈　州

平羅縣

又至鞏昌府

會寧縣

安定縣

又至陝西綏德州

米脂縣

又至西寧府

西寧縣

大通縣

北至抵邊不足四千里

以上除東北外南西俱四千里

北至抵邊不足三千里
以上除東北外南西俱
三千里

濟南府屬軍犯編發烟瘴地方

烟瘴

廣東韶州府

英德縣

貴州貴陽府

貴定縣

龍里縣

[illegible]

[illegible]

[illegible]

[illegible]

[illegible]

[illegible]

[illegible]

泰安府屬軍犯編發附近近邊地方

附近

東至抵海不足二千里

南至安徽池州府

青陽縣

貴池縣

又至安慶府

懷寧縣

又至寧國府

又旌德縣

近邊

東至抵海不足二千五百里

南至浙江寧波府

慈谿縣

鄞縣

鎮海縣

又至金華府

蘭谿縣

又金華縣

又至徽州府
績溪縣
歙縣
又至浙江杭州府
仁和縣
錢塘縣
又至紹興府
蕭山縣
西至山西霍州
趙城縣
又至陝西西安府

又至衢州府
龍游縣
又至江西九江府
德化縣
西至陝西延安府
甘泉縣
膚施縣
又至鄜州
又至甘肅慶陽府
寧州
合水縣

高陵縣

三原縣

耀州

臨潼縣

長安縣

咸寧縣

咸陽縣

醴泉縣

涇陽縣

北至抵邊不足二千里

以上除東北外南西俱

安化縣

又至涇州

北至抵邊不足二千五百里

以上除東北外南西俱二千五百里

欽定五軍道里表　卷九　山東

二千里東[illegible]西[illegible]

至京師[illegible]下[illegible]二千[illegible]里

[illegible]縣

[illegible]縣

[illegible]縣

[illegible]縣

[illegible]縣

[illegible]縣

膠　州

三[illegible]縣

[illegible]縣

西[illegible]里

以上俱東至[illegible]西[illegible]二十五

至京師[illegible]二千五百里

又至[illegible]

[illegible]縣

泰安府屬軍犯編發邊遠極邊地方

邊遠

東至抵海不足三千里

南至浙江温州府

又永嘉縣

又至處州府

青田縣

又至福建建寧府

又浦城縣

西至甘肅鞏昌府

極邊

東至抵海不足四千里

南至福建福州府

閩　縣

侯官縣

連江縣

西至甘肅涼州府

武威縣

又永昌縣

合寧縣
又至寧夏府
靈州
寧夏縣
寧朔縣
清澗縣
又至陝西綏德州
北至抵邊不足三千里
以上除東北外南西俱
三千里

又至西寧府
西寧縣
北至抵邊不足四千里
以上除東北外南西俱四千里

泰安府屬軍犯編發烟瘴地方

烟瘴

廣東韶州府

英德縣

又至廣州府

清遠縣

武定府屬軍犯編發附近近邊地方

附近

東至抵海不足二千里

南至安徽池州府

青陽縣

貴池縣

又至寧國府

南陵縣

涇縣

旌德縣

近邊

東至抵海不足二千五百里

南至浙江杭州府

仁和縣

錢塘縣

富陽縣

又至紹興府

蕭山縣

山陰縣

又至江蘇常州府
無錫縣
金匱縣
又至蘇州府
長洲縣
元和縣
吳　縣
西至山西汾州府
汾陽縣
孝義縣
又至陝西同州府

會稽縣
西至陝西鄜州
中部縣
洛川縣
又至邠州
長武縣
又至甘肅慶陽府
正寧縣
寧　州
北至抵邊不足二千五百里
以上除東北外南西俱二千五

華州　百里

又至西安府

渭南縣

高陵縣

臨潼縣

北至抵邊不足二千里

以上除東北外南西俱

二千里

武定府屬軍犯編發邊遠極邊地方

邊遠

東至抵海不足三千里

南至浙江紹興府

新昌縣

又至台州府

天台縣

臨海縣

又至衢州府

龍游縣

極邊

東至抵海不足四千里

南至福建延平府

南平縣

又至福州府

古田縣

又至福寧府

福鼎縣

西至甘肅凉州府

欽定五軍道里表

西安縣
又至金華府
金華縣
永康縣
西至甘肅慶陽府
環縣
又至寧夏府
靈州
又至平涼府
隆德縣
靜寧州

古浪縣
武威縣
又至西寧府
碾伯縣
北至抵邊不足四千里
以上除東北外南西俱四千里

又至陝西延安府

保安縣

延長縣

延川縣

北至抵邊不足三千里

以上除東北外南西俱

三千里

[illegible]

東北[illegible]至[illegible]三十里

[illegible]縣

建陽縣

崇安縣

西至江西[illegible]界

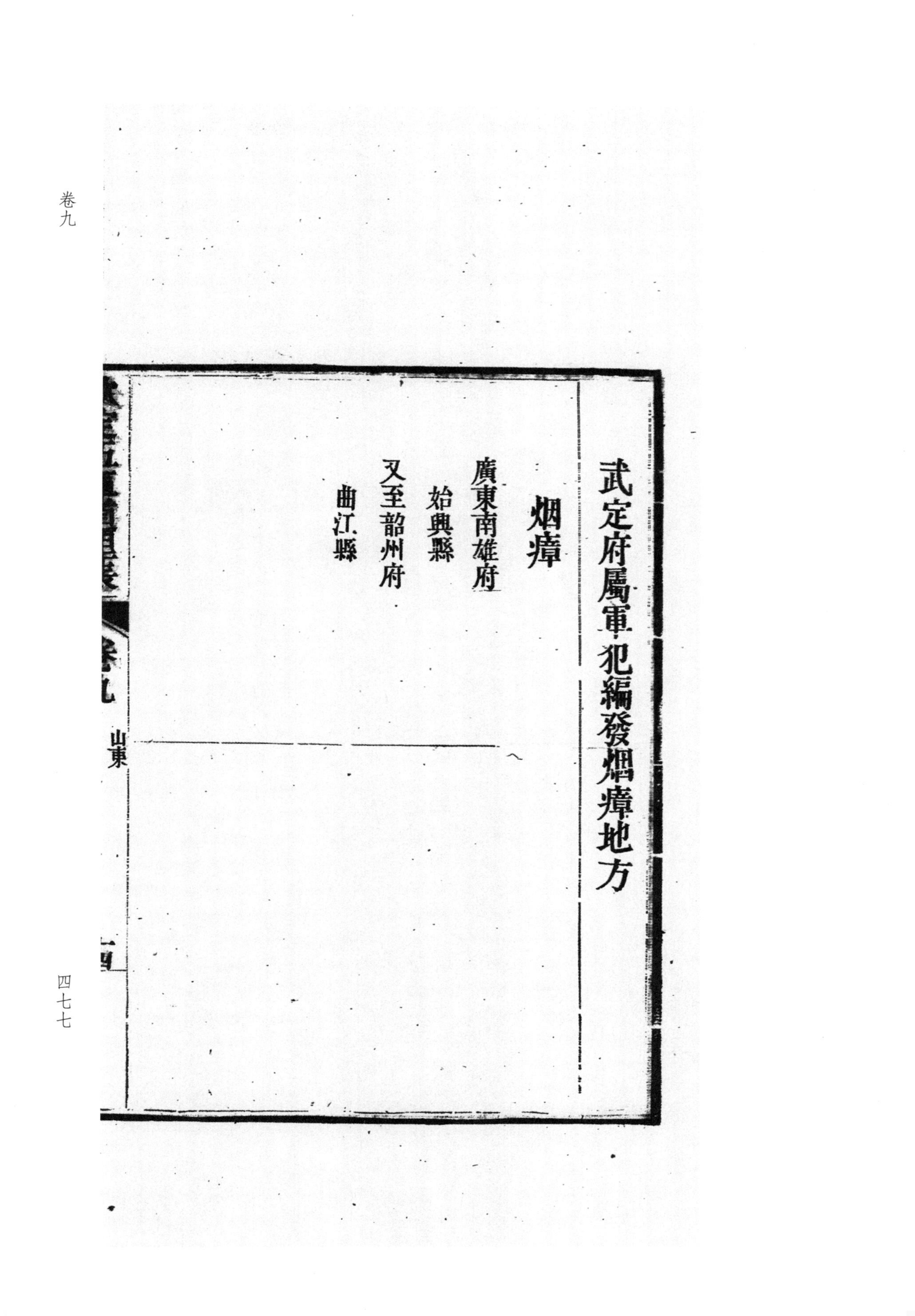

武定府屬軍犯編發煙瘴地方

烟瘴

廣東南雄府

始興縣

又至韶州府

曲江縣

兗州府屬軍犯編發附近近邊地方

附近

東至抵海不足二千里

南至浙江紹興府

山陰縣

會稽縣

又至杭州府

富陽縣

又至嚴州府

桐廬縣

近邊

東至抵海不足二千五百里

南至浙江台州府

黃巖縣

臨海縣

又至金華府

永康縣

又至處州府

縉雲縣

又至安徽安慶府	又至衢州府
懷寧縣	西安縣
又至池州府	江山縣
東流縣	西至甘肅慶陽府
西至陝西鄜州	環　縣
宜君縣	又至平涼府
中部縣	隆德縣
洛川縣	靜寧州
又至乾州	又至陝西延安府
永壽縣	保安縣
又至邠州	延長縣

三水縣
又至甘肅慶陽府
正寧縣
北至直隸停止編發
以上除東北外南西俱
二千里

北至直隸停止編發
以上除東北外南西俱二千五
百里

欽定五軍道里表 卷九 十六

兖州府屬軍犯編發邊遠極邊地方

邊遠

東至抵海不足三千里

南至浙江温州府

瑞安縣

平陽縣

又至福建建寧府

建陽縣

西至甘肅鞏昌府

安定縣

極邊

東至抵海不足四千里

南至福建福州府

連江縣

羅源縣

西至甘肅甘州府

山丹縣

又至西寧府

大通縣

又至蘭州府

金　縣

又至陝西榆林府

榆林縣

又至綏德州

米脂縣

北至抵邊不足三千里

以上除東北外南西俱

三千里

北至抵邊不足四千里

以上除東北外南西俱四千里

兗州府屬軍犯編發烟瘴地方

烟瘴

廣東廣州府

清遠縣

三水縣

貴州思州府

玉屏縣

青溪縣

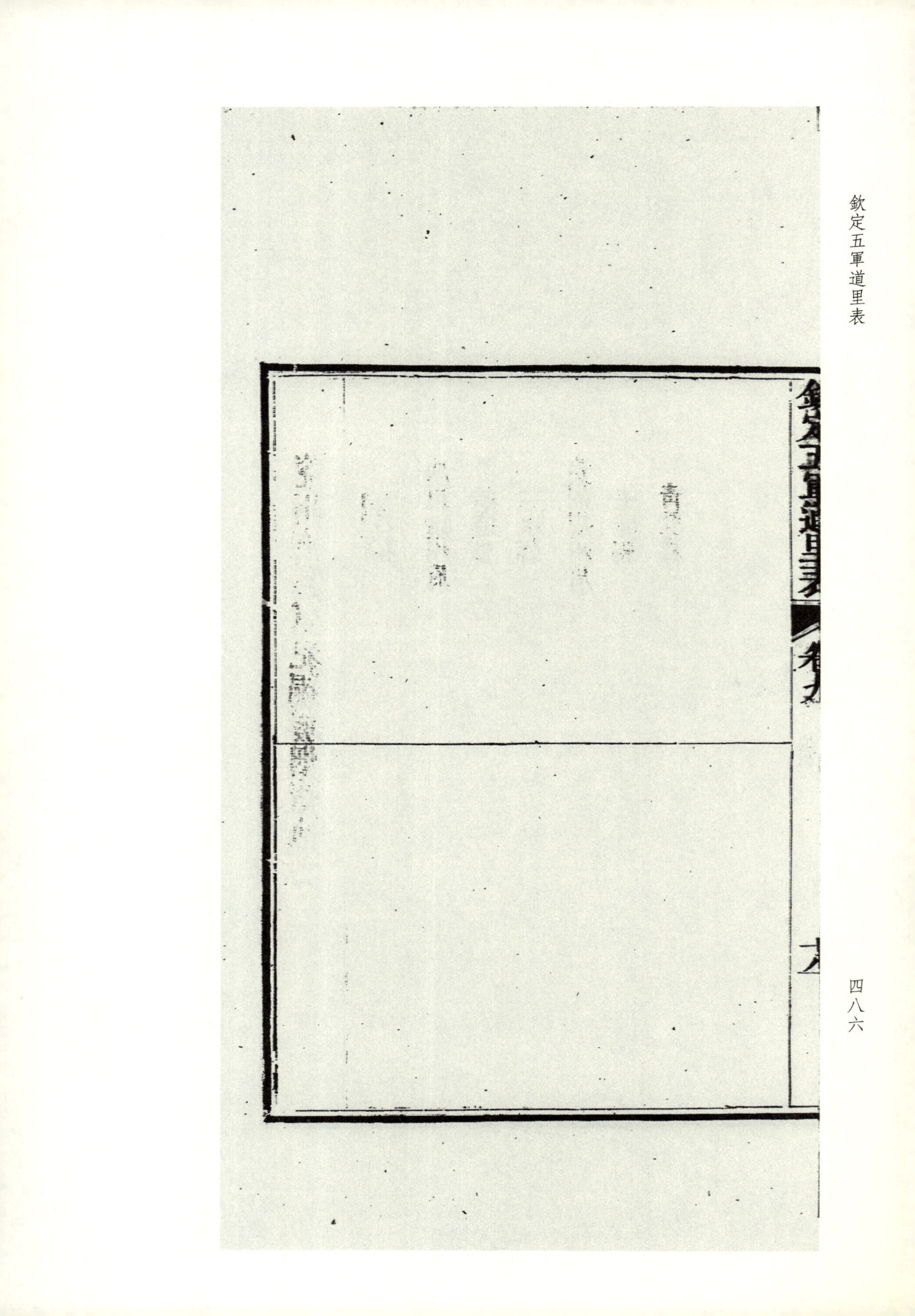

曹州府屬軍犯編發附近近邊地方

附近

東至抵海不足二千里

南至浙江杭州府

仁和縣

錢塘縣

富陽縣

又至紹興府

蕭山縣

山陰縣

近邊

東至抵海不足二千五百里

南至浙江處州府

縉雲縣

又至台州府

天台縣

臨海縣

又至金華府

金華縣

會稽縣
又至安徽池州府
貴池縣
又至安慶府
懷寧縣
西至陝西鄜州
洛川縣
又至延安府
甘泉縣
膚施縣
安塞縣

永康縣
又至衢州府
龍游縣
西安縣
西至甘肅鞏昌府
會寧縣
又至寧夏府
靈　州
寧夏縣
寧朔縣
平羅縣

又至甘肅慶陽府
合水縣
安化縣
又至平凉府
平凉縣
又至涇州
北至直隸停止編發
以上除東北外南西俱
二千里

又至陝西綏德州
北至抵邊不足二千五百里
以上除東北外南西俱二千五
百里

一千里
以上俱山東按察司轄
北至直隸[illegible]
又至[illegible]
平原縣
又至平[illegible]縣
[illegible]
合水縣
又至[illegible]縣

百里
以上俱東北按察司轄二千五
北至[illegible]里
又至[illegible]西[illegible]縣

曹州府屬軍犯編發邊遠極邊地方

邊遠

東至抵海不足三千里

南至浙江温州府

永嘉縣

樂清縣

西至甘肅凉州府

平番縣

北至抵邊不足三千里

以上除東北外南西俱

極邊

東至抵海不足四千里

南至福建福州府

閩縣

侯官縣

連江縣

西至甘肅甘州府

張掖縣

又至肅州

三千里

高臺縣

北至抵邊不足四千里

以上除東北外南西俱四千里

曹州府屬軍犯編發烟瘴地方

烟瘴

廣東廣州府

清遠縣

廣西柳州府

雒容縣

馬平縣

柳城縣

[illegible]

沂州府屬軍犯編發附近近邊地方

附近

東至抵海不足二千里

南至浙江嚴州府

建德縣

又至金華府

蘭谿縣

金華縣

又至紹興府

餘姚縣

近邊

東至抵海不足二千五百里

南至浙江處州府

青田縣

又至福建建寧府

浦城縣

西至甘肅慶陽府

正寧縣

寧州

又至寧波府
慈谿縣
鄞縣
又至江西九江府
湖口縣
德化縣
西至陝西西安府
渭南縣
高陵縣
臨潼縣
北至直隸停止編發

又至陝西邠州
長武縣
又至鄜州
中部縣
洛川縣
北至抵邊不足二千五百里
以上除東北外南西俱二千五
百里

以上除東北外南西俱
二千里

欽定五軍道里表 卷九

一百四

又十[illegible]東[illegible]西[illegible]西[illegible]北

沂州府屬軍犯編發邊遠極邊地方

邊遠

東至抵海不足三千里

南至浙江温州府

泰順縣

又至處州府

景寧縣

又至福建延平府

南平縣

西至甘肅平凉府

極邊

東至抵海不足四千里

南至福建福寧府

寧德縣

霞浦縣

西至甘肅西寧府

西寧縣

碾伯縣

又至凉州府

固原州
隆德縣
靜寧州
又至寧夏府
靈州
又至陝西延安府
保安縣
延川縣
北至抵邊不足三千里
以上除東北外南西俱
三千里

古浪縣
北至抵邊不足四千里
以上除東北外南西俱四千里

沂州府屬軍犯編發烟瘴地方

烟瘴

廣東韶州府

曲江縣

英德縣

貴州思州府

玉屏縣

欽定五軍道里表　卷九

東昌府屬軍犯編發附近近邊地方

附近

東至抵海不足二千里

南至安徽安慶府

懷寧縣

又至池州府

東流縣

又至徽州府

歙縣

休寧縣

近邊

東至抵海不足二千五百里

南至浙江嚴州府

建德縣

桐廬縣

又至金華府

蘭谿縣

又至紹興府

嵊縣

祁門縣
又至浙江嘉興府
嘉興縣
秀水縣
石門縣
西至山西大同府
陽高縣
又至朔平府
右玉縣
又至陝西鄜州
中部縣

新昌縣
西至陝西延安府
安塞縣
保安縣
延長縣
延川縣
又至甘肅平凉府
隆德縣
靜寧州
又至慶陽府
環縣

洛川縣
又至乾州
永壽縣
又至邠州
長武縣
三水縣
又至甘肅慶陽府
正寧縣
寧州
北至直隸停止編發
以上除東北外南西俱

北至直隸停止編發
以上除東北外南西俱二千五
百里

五千里東北[illegible]西[illegible]

[illegible]至[illegible]

寧[illegible]

西寧縣

又至甘肅[illegible]

三水縣

長武縣

又至邠州

永壽縣

又至乾州

[illegible]川縣

百里

[illegible]

北至[illegible]

東昌府屬軍犯編發邊遠極邊地方

邊遠

東至抵海不足三千里

南至浙江台州府

寧海縣

太平縣

又至寧波府

奉化縣

又至温州府

樂清縣

極邊

東至抵海不足四千里

南至福建福州府

閩清縣

閩縣

侯官縣

又至福寧府

寧德縣

西至甘肅凉州府

又至處州府
麗水縣
青田縣
又至福建建寧府
浦城縣
西至陝西綏德州
米脂縣
又至榆林府
榆林縣
又至甘肅蘭州府
金　縣

永昌縣
又至甘州府
山丹縣
北至抵邊不足四千里
以上除東北外南西俱四千里

臯蘭縣

北至抵邊不足三千里

以上除東北外南西俱

三千里

三千里

以上領東去張家口

北至[illegible]本[illegible]千里

皇[illegible]輿

東昌府屬軍犯編發烟瘴地方

烟瘴

廣東韶州府

英德縣

貴州思州府

玉屏縣

青溪縣

青州府屬軍犯編發附近近邊地方

附近

東至抵海不足二千里

南至安徽六安州

又至池州府

青陽縣

貴池縣

又至寧國府

涇縣

旌德縣

近邊

東至抵海不足二千五百里

南至江西九江府

彭澤縣

湖口縣

德化縣

又至浙江金華府

蘭谿縣

金華縣

又至浙江嘉興府
石門縣
又至杭州府
仁和縣
錢塘縣
西至山西太原府
交城縣
文水縣
又至汾州府
汾陽縣
又至忻州

又至紹興府
嵊　縣
新昌縣
又至台州府
天台縣
又至寧波府
慈谿縣
鄞　縣
鎮海縣
又至嚴州府
建德縣

部樂縣

又至陝西同州府

華陰縣

華　州

又至西安府

渭南縣

北至直隷停止編發

以上除東北外南西俱

二千里

西至山西朔平府

右玉縣

左雲縣

又至大同府

大同縣

陽高縣

又至陝西鄜州

宜君縣

中部縣

又至乾州

永壽縣

二百里
以上係東北外南西俱
[illegible]縣
臨潼縣
又至渭南縣
華州
華陰縣
又至陝西同州府
韓城縣

又至邠州
又至三水縣
又至甘肅慶陽府
正寧縣
北至直隸停止編發
以上係東北外南西俱二千五
百里
又至大名府
[illegible]縣
[illegible]縣
西至山西陽平府

青州府屬軍犯編發邊遠極邊地方

邊遠

東至抵海不足三千里

南至浙江温州府

永嘉縣

樂清縣

瑞安縣

又至福建建寧府

浦城縣

西至陝西延安府

極邊

東至抵海不足四千里

南至福建福州府

閩清縣

閩　縣

侯官縣

西至甘肅凉州府

平番縣

古浪縣

膚施縣
安塞縣
安定縣
保安縣
延長縣
又至甘肅慶陽府
環　縣
又至平凉府
隆德縣
北至抵邊不足三千里
以上除東北外南西俱

北至抵邊不足四千里
以上除東北外南西俱四千里

三千里

三千里

青州府屬軍犯編發烟瘴地方

烟瘴

廣西桂林府

全　州

貴州思州府

玉屏縣

登州府屬軍犯編發附近近邊地方

附近

東至抵海不足二千里
南至安徽太平府
當塗縣
蕪湖縣
又至江蘇蘇州府
長洲縣
元和縣
吳　縣

近邊

東至抵海不足二千五百里
南至安徽安慶府
桐城縣
潛山縣
懷寧縣
又至池州府
東流縣
又至浙江杭州府

吳江縣

震澤縣

西至山西澤州府

鳳臺縣

高平縣

又至潞安府

襄垣縣

長子縣

屯留縣

又至沁州

武鄉縣

富陽縣

西至山西忻州

定襄縣

又至河南陝州

靈寶縣

閿鄉縣

又至陝西同州府

華陰縣

北至順天停止編發

以上除東北外南西俱二千五百里

又至河南懷慶府

孟　縣

又至河南府

孟津縣

洛陽縣

北至直隸停止編發

以上除東北外南西俱

二千里

登州府屬軍犯編發邊遠極邊地方

邊遠

東至抵海不足三千里

南至浙江衢州府

龍游縣

西安縣

江山縣

又至金華府

永康縣

又至處州府

極邊

東至抵海不足四千里

南至福建福州府

古田縣

又至福寧府

福鼎縣

西至甘肅寧夏府

寧夏縣

寧朔縣

縉雲縣

又至江西南康府

都昌縣

星子縣

西至山西大同府

大同縣

懷仁縣

又至朔平府

右玉縣

左雲縣

平魯縣

平羅縣

又至鞏昌府

安定縣

又至陝西綏德州

米脂縣

北至抵邊不足四千里

以上除東北外南西俱四千里

又至陝西西安府

同官縣

醴泉縣

又至鄜州

宜君縣

又至乾州

永壽縣

又至邠州

淳化縣

三水縣

北至直隸停止編發[illegible]

以上除東北外南西俱三千里

登州府屬軍犯編發烟瘴地方

烟瘴

廣西桂林府

全州

貴州思州府

玉屏縣

延慶縣

廣[illegible]

全州

[illegible]

[illegible]

[illegible]

萊州府屬軍犯編發附近近邊地方

附近

東至抵海不足二千里

南至安徽潁州府

阜陽縣

太和縣

又至廬州府

又合肥縣

又至寧國府

又南陵縣

近邊

東至抵海不足二千五百里

南至江西饒州府

浮梁縣

又至九江府

彭澤縣

湖口縣

又至浙江紹興府

上虞縣

又至池州府
青陽縣
又至浙江嘉興府
嘉興縣
秀水縣
石門縣
西至山西平定州
壽陽縣
又至河南河南府
澠池縣
北至順天停止編發

餘姚縣
嵊　縣
新昌縣
又至寧波府
慈谿縣
又至嚴州府
建德縣
又至金華府
蘭谿縣
西至山西代州
又至寧武府

以上除東北外南西俱
二千里

寧武縣
又至太原府
興　縣
嵐　縣
岢嵐州
又至陝西同州府
華　州
又至西安府
渭南縣
臨潼縣
長安縣

咸寧縣

高陵縣

三原縣

北至直隸停止竊發

以上除東北外南西俱二千五百里

萊州府屬軍犯編發邊遠極邊地方

邊遠	極邊
東至抵海不足三千里	東至抵海不足四千里
南至浙江處州府	南至福建福寧府
麗水縣	霞浦縣
青田縣	寧德縣
又至福建建寧府	又至福州府
浦城縣	閩清縣
西至山西朔平府	西至甘肅蘭州府
右玉縣	金縣

又至大同府
陽高縣
天鎮縣
又至陝西鄜州
洛川縣
又至邠州
長武縣
又至甘肅慶陽府
正寧縣
寧州
合水縣

皐蘭縣
又至陝西榆林府
榆林縣
北至抵邊不足四千里
以上除東北外南西俱四千里

又至涇州

北至直隸停止編發

以上除東北外南西俱

三千里

欽定五軍道里表　卷九

堂

萊州府屬軍犯編發烟瘴地方

烟瘴

貴州思州府

玉屏縣

廣東南雄府

保昌縣

濟寧州屬軍犯編發附近近邊地方

附近

東至抵海不足二千里

南至浙江紹興府

蕭山縣

山陰縣

會稽縣

又至杭州府

富陽縣

又至安徽安慶府

近邊

東至抵海不足二千五百里

南至浙江台州府

臨海縣

黃巖縣

又至金華府

永康縣

又至處州府

縉雲縣

懷寧縣
又至池州府
東流縣
西至陝西鄜州
宜君縣
中部縣
洛川縣
又至乾州
永壽縣
又至邠州
長武縣

又至衢州府
龍游縣
西安縣
江山縣
西至甘肅慶陽府
環　縣
又至平凉府
固原州
隆德縣
靜寧州
又至陝西延安府

三水縣
又至甘肅慶陽府
正寧縣
寧　州
北至直隸停止編發
以上除東北外南西俱
二千里

保安縣
延長縣
延川縣
北至直隸停止編發
以上除東北外南西俱二千五
百里

欽定五軍道里表　卷九

二千里

以上俱東北[illegible]西八

[illegible]在直隸[illegible]

寧津縣

吳橋縣

交河[illegible]

三水縣

[illegible]

[illegible]十六[illegible]東北[illegible]西[illegible]二十五

[illegible]

[illegible]縣

[illegible]縣

[illegible]安縣

濟寧州屬軍犯編發邊遠極邊地方

邊遠

東至抵海不足三千里

南至浙江温州府

永嘉縣

瑞安縣

平陽縣

又至福建建寧府

建陽縣

西至甘肅蘭州府

極邊

東至抵海不足四千里

南至福建福州府

連江縣

羅源縣

西至甘肅甘州府

山丹縣

北至抵邊不足四千里

以上除東北外南西俱四千里

金　縣

皋蘭縣

又至陜西榆林府

榆林縣

北至抵邊不足三千里

以上除東北外南西俱

三千里

濟寧州屬軍犯編發烟瘴地方

烟瘴

廣東廣州府

清遠縣

貴州思州府

玉屏縣

青溪縣

欽定五軍道里表　卷六

[illegible]

[illegible]

[illegible]

[illegible]

[illegible]

[illegible]

臨清州屬軍犯編發附近近邊地方

附近	近邊
東至抵海不足二千里	東至抵海不足二千五百里
南至安徽池州府	南至浙江嚴州府
貴池縣	桐廬縣
又至安慶府	又至紹興府
懷寧縣	山陰縣
又至寧國府	會稽縣
旌德縣	西至陝西延安府
又至徽州府	保安縣

績溪縣
歙　縣
休寧縣
又至江蘇蘇州府
吳江縣
震澤縣
又至浙江嘉興府
嘉興縣
秀水縣
西至山西大同府
天鎮縣

延長縣
延川縣
又至甘肅平凉府
隆德縣
靜寧州
又至慶陽府
環　縣
北至直隸停止編發
以上除東北外南西俱二千五
百里

又至朔平府

左雲縣

又至陝西鄜州

中部縣

洛川縣

又至乾州

永壽縣

又至邠州

長武縣

三水縣

又至甘肅慶陽府

正寧縣

寧　州

北至直隸停止編發

以上除東北外南西俱

二千里

臨清州屬軍犯編發邊遠極邊地方

邊遠

東至抵海不足三千里

南至浙江台州府

寧海縣

黄巖縣

又至衢州府

江山縣

又至處州府

縉雲縣

極邊

東至抵海不足四千里

南至福建福州府

古田縣

又至福寧府

霞浦縣

西至甘肅甘州府

山丹縣

北至抵邊不足四千里

麗水縣
西至陝西榆林府
榆林縣
叉至甘肅蘭州府
金縣
皐蘭縣
北至抵邊不足三千里
以上除東北外南西俱
三千里

以上除東北外南西俱四千里

臨清州屬軍犯編發烟瘴地方

烟瘴

廣東韶州府

英德縣

貴州思州府

玉屏縣

青溪縣